dtv

Helena erzählt ihrer kleinen Tochter Elisabeth eine kurze Geschichte von einer Welt, die einmal war und nie wieder sein wird. Helena geht im Frühling 1960 zusammen mit Elisabeth einem Hinweis auf mögliche Verwandte nach, vergeblich und zum allerletzten Mal. Helena nimmt auf Anraten der Lehrerin einen Hahn, eine Katze und einen Untermieter auf, damit Elisabeth nicht ohne die Wärme von Tieren und den Schutz eines Mannes heranwächst. Voller Melancholie und Witz erinnert sich Lizzie Doron an ihre verwitwete Mutter Helena, die eigensinnig und voll widerständiger Energie, Einfallsreichtum und Überlebenswillen eine Existenz für sich und ihre Tochter in Israel aufbaut. Allein in dem jungen Staat, in dem die Vergangenheit lange Schatten wirft, die Gegenwart alle Kräfte fordert und die Zukunft am Anfang klein und unwichtig erscheint. Lizzie Doron hat eine Liebeserklärung geschrieben, ein Manifest des »trotz alledem«.

Lizzie Doron, geboren 1953 in Tel Aviv, studierte Linguistik, bevor sie Schriftstellerin wurde. Ihr erster Roman ›Ruhige Zeiten‹ wurde mit dem von Yad Vashem vergebenen Buchman-Preis ausgezeichnet. 2007 erhielt sie den Jeanette-Schocken-Preis. In ihren Büchern verwebt Doron persönliche mit fiktionaler Geschichte, Historisches mischt sich mit Privatem, Faktisches mit einem So-hätte-es-sein-Können, das oft wirklicher als das Leben selbst erscheint. Mit ihrem Roman ›Who the Fuck Is Kafka‹ gelang ihr der Durchbruch. Lizzie Doron lebt in Tel Aviv und Berlin.

Lizzie Doron

Warum bist du nicht vor dem Krieg gekommen?

Aus dem Hebräischen
von Mirjam Pressler

dtv

Von Lizzie Doron sind bei dtv außerdem erschienen:
Das Schweigen meiner Mutter (14254)
Who the Fuck Is Kafka (14484)

Ausführliche Informationen über unsere Autoren und Bücher
www.dtv.de

MIX
Papier aus verantwortungsvollen Quellen
FSC® C019821

2017 dtv Verlagsgesellschaft mbH & Co. KG, München
Die Originalausgabe erschien 1998 unter dem Titel
›Lama lo bat lifne ha-milchama‹ im Chalonot Verlag, Tel Aviv.
Die deutsche Erstausgabe erschien 2004 im
Jüdischen Verlag/Suhrkamp Verlag

Umschlaggestaltung: Wildes Blut, Atelier für Gestaltung,
Stephanie Weischer unter Verwendung eines Fotos von
Agentur Focus/Magnum Photos/Herbert List
Gesamtherstellung: Druckerei C.H.Beck, Nördlingen
Gedruckt auf säurefreiem, chlorfrei gebleichtem Papier
Printed in Germany · ISBN 978-3-423-14545-9

Es ist Freunden und Verwandten, meinen Kindern Dana und Ariel, meinem Mann Dani und meiner Mutter Helena zu danken, dass dieses Buch entstand.

Prolog

»Auf einem hohen Hügel, irgendwo dort in dem fernen Europa, stand eine Burg, in der ein königliches Geschlecht lebte, und von diesem Geschlecht weiß keiner etwas, ich bin die einzige Zeugin für seine Geschichte.« So erzählte Helena, mehr sagte sie nicht. Vielleicht fügte sie noch einige Sätze hinzu, abschließende oder einleitende, manchmal mehr, manchmal weniger, und alles »Mehr« galt der Gegenwart und alles »Weniger« der Vergangenheit, und eine Zukunft gab es nicht.

Und immer wieder dachte sie an diese Burg auf dem Hügel, denn dort war sie geboren worden und dort hatte sie andere Tage gesehen.

Und im Alltag, in der großen Stadt, in dem grauen Viertel, wo es keinen Hügel gab und keine Burg, an einer Stelle, wo sich die Straße des Sieges mit der Straße des Heldentums traf, in einem zweistöckigen Haus, im zweiten Stock, lebte Helena ein anderes Leben.

In dieser Wohnung mit zwei Schlafzimmern gab es zwei Eingangstüren, hintereinander, die innere war für die Besucher bestimmt, die man kannte, die äußere dafür, den Schall abzudämpfen, damit Helena nicht in Panik geriet, wenn ein Fremder an ihre Tür klopfte.

Neunzehn Stufen mit einem Geländer führten zum Eingang, es gab einen Hof ohne Zaun und ein Gartenstück mit einer Palme, Gestrüpp und wilden Blumen, hier logierten ein Straßenköter, ein Hahn, der als Wecker diente, eine Henne, die jeden Morgen ein Ei legte, Katzen, die in den Mülleimern wühlten, Zugvögel, die auf ihrem Flug eine Rast einlegten, und andere Tiere.

In dieser Wohnung, nicht in der Burg, lebten die Überreste des Geschlechts, Helena, die Mutter, und Elisabeth, ihre Tochter.

Einiges von dem, was sich zwischen 1960 und 1990 mit ihnen zugetragen hat, findet sich auf den folgenden Seiten. Es war einmal und ist nicht mehr, Geschichten über das, was war.

Kiriat Chajim

Mai 1960.

Eines Tages, als ich aus der Schule kam, erwartete mich Helena ungeduldig an der Tür.

»Komm, wir fahren nach Kiriat Chajim! Vielleicht haben wir dort Familie«, sagte sie aufgeregt.

»Da habe ich nur einmal, nur ein einziges Mal, nicht Radio gehört«, sagte sie zornig. »Zum Glück hat es wenigstens Soscha gehört und aufgeschrieben, hier sind der Name und die Adresse.« Ihre Hand umklammerte einen Zettel, eine Quittung des Lebensmittelhändlers, mit einer Adresse auf der Rückseite. »Lass uns fahren.«

In Windeseile hatte ich einen Rucksack mit einem belegten Brot und einem Stück Obst über der Schulter. Helena nahm eine Tasche mit Ausweisen und Geld, warf einen schnellen Blick in den Spiegel und fuhr sich mit den Fingern durch die Haare. Wir machten uns auf den Weg.

Vom Haus zur Bushaltestelle, vom Bus zum Bahnhof, vom Bahnhof zum Bus nach Haifa und von Haifa mit dem Bus nach Kiriat Chajim.

Auf dem ganzen Weg herrschte Schweigen.

»Kiriat Chajim West«, verkundete der Fahrer.

Helena nahm mich an die Hand. Sie ging zum Fahrer,

zeigte ihm den Zettel mit dem Namen der Straße und der Hausnummer. Er deutete mit dem Finger hinaus und sagte: »Da ist es, das erste Haus an der Ecke.«

Helena brach ihr Schweigen. »Es ist, als wären wir in unserem eigenen Viertel«, sagte sie und sah überhaupt nicht beruhigt aus. »Ich brauche noch Einzelheiten, ich kann nicht einfach an die Tür klopfen. Ich muss wissen, wer mir aufmacht.« Es war nicht klar, ob sie zu sich selbst sprach oder wollte, dass ich es hörte. Dann bog sie in eine kleine Straße auf der anderen Seite ein, wo sie zu ihrer Freude einen großen Lebensmittelladen entdeckte.

Sie kaufte eine Tafel Schokolade »Rote Kuh« und fragte den Ladenbesitzer, der in ein dickes, mit geräucherter Makrele belegtes Schwarzbrot biss: »Entschuldigung, kennen Sie vielleicht meine Verwandten, die Familie Mitschmacher?«

Der Ladenbesitzer wischte sich mit der dunkelblauen Schürze, die seinen dicken Bauch bedeckte, als wäre er ein Tisch und die Schürze eine Decke voller Fettflecken, den Mund ab.

»Ja«, antwortete er und verschluckte den Rest seines Brotes. »Sie wohnen gegenüber.« Und einigermaßen freundlich fügte er hinzu: »Ein netter Mann, lässt anschreiben.«

»Und bezahlt?«, unterbrach ihn Helena ängstlich.

Er lachte. »Ja, er bezahlt. Aber es dauert …«

Helena wurde blass. »Gut, das tun alle«, sagte sie, vielleicht, um ihren neuen Verwandten zu verteidigen. »Tun Sie mir einen Gefallen, wie heißen seine Frau und seine Kinder? Ich habe sie schon seit Jahren nicht mehr gesehen.«

Entschuldigend fügte sie hinzu: »Ich bin vergesslich, was Namen angeht.«

»Die Frau heißt Bella, und die Kinder …« Er hob die Augen zur Decke. Dann fiel es ihm wieder ein, er senkte den Blick. »Sie haben nur einen Jungen von sieben oder acht. Ich nenne ihn Schätzchen.«

»Gut, danke«, sagte Helena. »Die Schokolade ist für ihn.« Sie bezahlte und ging. An einer Hand hielt sie mich, in der zweiten die Schokolade für Schätzchen.

An der Tür des Ladens wandte sie sich, ohne zu zögern, an einen Passanten. »Wo ist hier die Schule?«

Und in der Schule fragte sie: »Wo ist die Sekretärin?«

Und zur Sekretärin sagte sie: »Guten Tag, entschuldigen Sie, ich bin Helena. Vielleicht wollen wir in diese Gegend ziehen. Und Elisabeth«, sie deutete auf mich, »wird hier in die Schule gehen, und sie kennt niemanden. Ich kenne nur die Familie Mitschmacher. Ihr Sohn ist doch bei Ihnen?« Und ohne die Antwort abzuwarten, fragte sie, ob sie sich einen Moment hinsetzen und ausruhen könne.

»Ja«, antwortete die Sekretärin.

»Entschuldigung«, fuhr Helena fort, »gibt er ein gutes Beispiel? Sie müssen verstehen, sie ist meine einzige Tochter.«

»O ja, natürlich«, sagte die Sekretärin. »Er ist ein wunderbarer Junge und sehr fleißig.«

»Vielen Dank«, sagte Helena erleichtert.

Und ging wieder.

Bevor sie an die Tür der Leute klopfte, von denen sie annahm, sie könnten Verwandte sein, stellte Helena noch eine letzte Untersuchung bei den Nachbarn im ersten Stock an. »Ich komme aus Tel Aviv, sie sind Verwandte«, sagte sie zu der Frau, die uns die Tür aufmachte. »Aber es ist niemand zu Hause. Können Sie mir vielleicht sagen, wo er arbeitet? Wir könnten dann zu ihm gehen.«

Die kleine, dünne Frau antwortete: »Bei der Stadtverwaltung.«

»Was, er ist Angestellter?«, fragte Helena erstaunt.

»Ich weiß nicht, als was er arbeitet«, sagte die Frau.

Als wir hinausgingen, sagte Helena enttäuscht: »Das ist kein gutes Zeichen, in unserer Familie gibt es keine Angestellten.« Ihre Hand, die meine hielt, zitterte.

Endlich gingen wir zu der bewussten Wohnung. An der Tür hing ein Holzschild: »Bella und Marek Mitschmacher«.

Sie klopfte nur einmal, dann wurde die Tür geöffnet. Eine Frau mit einem dicken Bauch – ob sie schwanger war oder nur zu viel aß, war schwer zu sagen – stand auf der Schwelle. Mit einem breiten, gutmütigen Lächeln forderte sie uns auf einzutreten. Nachdem sie verstanden hatte, um was es ging, bat sie eine Nachbarin, ihren Mann von der Arbeit zu holen.

»Vielleicht haben wir endlich auch Verwandte«, sagte sie. Als er ankam und uns in stockendem Hebräisch mit ungarischem Akzent begrüßte, war bald klar, dass er kein Verwandter war. Trotz ihrer Enttäuschung bewirteten sie uns mit Rührei, schwarzen Oliven, sauren Gurken und Brot. Außer Essen bekamen wir auch einen guten Rat: Es lohne sich, sagten sie, zu einem Moschaw in der Nähe von Haifa zu fahren. Dort gebe es einen Mann mit demselben Namen, und da wir nun schon mal in der Nähe seien, würde es sich lohnen, ihn aufzusuchen.

Helena schöpfte Hoffnung. Am frühen Abend verabschiedeten wir uns dankbar von unseren Gastgebern und fuhren zu dem genannten Moschaw, der eine halbe Stunde entfernt lag.

Bei den ersten Häusern fragte Helena nach Marek. Ein Mann in einem blauen Hemd, kurzen Hosen und hohen Stiefeln, der nach Kühen roch, sagte: »Das bin ich.«

Helena stellte sich vor.

»Ich erinnere mich an so etwas«, sagte er in flüssigem Hebräisch, die flatternden Lider halb über die Augen gesenkt. »Aber an was kann ich mich schon erinnern? Ich habe Polen verlassen, da war ich noch ein Kind, und meine Eltern haben den Kontakt zu mir abgebrochen.«

Wir setzten uns auf eine Bank, und er fragte: »Warum ist deine Tochter so blass und so dünn? Und was soll diese Diaspora-Kleidung? Und warum, sag mir, bist du nicht vor dem Krieg gekommen?«

Helena beantwortete diese Fragen nicht. Marek fuhr fort und erzählte mit Genugtuung, dass er schon immer Zionist gewesen sei, und bewunderte sich selbst dafür, dass er es schon in so jungem Alter gewagt hatte, sich gegen seine Eltern aufzulehnen, und damit sein Leben gerettet hatte. Helena nannte noch die Namen derer, die gegangen waren, und fragte voller Schmerz und den Tränen nahe: »Vielleicht hast du von ihnen gehört? Kennst du sie vielleicht?«

Er beharrte: »Ich war sehr jung, als ich wegging. Ich erinnere mich an niemanden und kenne niemanden.« Ihm war anzumerken, dass er dieses Gespräch beenden und seiner Wege gehen wollte. Als er sich bereits zum Gehen wandte, drehte er sich noch einmal um und sagte stolz, sein israelischer Name sei Meir Sabre, Marek sei nur noch eine Art Kosename.

»Endlich haben wir etwas gemeinsam«, sagte Helena. »Die Einwanderungsbehörde hat in meinen Pass als Vornamen ›Chaja‹ eingetragen.« Sie lächelte breit. »Jetzt verstehe ich, dass ich Helena als eine Art Kosenamen benutzen kann.«

Als wir uns verabschiedeten, nahm mich Helena fest an die Hand und sagte, vielleicht zu ihm, vielleicht zu mir, aber ganz bestimmt zu sich selbst: »Er ist so sehr ein Sabre, wie ich Chaja bin.«

Der Rückweg war lang und dunkel.

Am nächsten Tag fragte Soscha: »Nu, wie war's?«

»Alle sind tot«, antwortete Helena.

Danach suchte sie nie mehr nach Verwandten.

Kikeriki

Die Krankenschwester der Schule ließ mich in der Pause kommen und überreichte mir einen verschlossenen Briefumschlag. »Gib ihn heute noch deiner Mutter«, sagte sie.

Helena öffnete den Brief und las ihn laut vor.

»Liebe Frau Helena, bitte kommen Sie morgen früh um neun Uhr zu einer Unterredung. Ich möchte Ihnen und Elisabeth helfen.«

»Sehr nett von ihr, dass sie uns helfen will«, sagte Helena, verzog das Gesicht und ging am nächsten Tag zu dieser Unterredung.

Schwester Carmela Gamso war eine besonders schöne Frau. Sie trug immer ein grünes Kleid und darüber einen weißen Kittel, wie alle Schwestern in den Schulen, aber bei Schwester Carmela war das Weiß weißer und das Grün grüner, und ihre Sachen waren besser gebügelt und gestärkt. Sie hatte ein langes, dunkles Gesicht, und aus ihrem Schwanenhals kam eine volle, warme Stimme. Sie sprach langsam und brachte Helena dazu, dauernd zu sagen: »Gut, ich habe verstanden, und weiter?«

Bei dieser Unterredung erzählte Schwester Carmela in ihrem Schildkrötentempo, sie habe kürzlich eine psychologische Weiterbildung gemacht. Helena müsse wissen, dass es heute sehr große Erkenntnisfortschritte hinsichtlich Themen wie Kinder, Eltern, Umgebung und deren Einfluss auf die Gesundheit der Seele gebe. Sie, Helena, und ihre Tochter Elisabeth seien ja allein in der Welt zurückgeblieben, deshalb müsse Helena, das habe sie bei der Weiterbildung gelernt, bedenken, dass Elisabeth eine Umgebung brauche, die ihr, solange sie noch klein sei, ein menschliches Modell biete, zur Nachahmung, zur Projektion und zur Identifikation. »Eine solche Umgebung ist zu einer gesunden seelischen Entwicklung unbedingt notwendig«, sagte sie.

Helena hörte sich diese professionellen Worte an und antwortete ungeduldig: »Ich habe verstanden, es wird in Ordnung sein.«

Innerhalb einer Woche kümmerte sich Helena um eine menschliche Umgebung. Dafür besorgte sie einen Hund, einen Hahn, eine Katze und Papageien und schuf das, was sie »Carmela Gamsos therapeutischen Zoo« nannte.

Zu den Nachbarn, die erstaunt schauten, sagte sie: »Das ist für Elisabeth, damit sie nicht allein ist«, und erklärte, das sei »eine medizinisch-pädagogische Empfehlung für Identifikation, Projektion und Nachahmung«, und lachend fügte sie hinzu: »Wundert euch nicht, wenn Elisabeth ab nächster Woche anfängt, zu bellen oder Kikeriki zu rufen.«

Carmela Gamso war nicht zufrieden. Wieder ließ sie mich in der Pause kommen und bat mich, Helena einen Brief im verschlossenen Umschlag zu bringen. Als Helena zu dem Treffen erschien, sagte Schwester Carmela behutsam, die Richtung sei richtig, und es sei schön, dass Elisabeth Tiere habe. »Aber das ist nicht alles, und das ist nicht genug. Elisabeth braucht eine Familie, Menschen, verstehen Sie?«, fragte sie mitleidig.

»Ja«, sagte Helena und versprach der Schwester und vor allem sich selbst, dass es keinen Grund für eine weitere Unterredung geben würde.

Zwei Wochen später rief mich Helena zu einem Gespräch.

»Hör zu«, sagte sie, »ab morgen wird ein fremder Mann aus Beer Sheva bei uns wohnen, der fünf Tage in der Woche in Tel Aviv arbeitet. Er mietet ein Zimmer bei uns. Das ist gut für deine Entwicklung – du wirst lernen, wie es ist, wenn man mit einem weiteren Menschen in einer Wohnung zusammenlebt. Und ich hoffe, dass mich Gamso dann nicht mehr einbestellt.« Ermutigend fuhr sie fort: »Es gibt noch ein paar Vorteile: Jeder, der zu uns kommt, wird sehen, dass es einen Mann im Haus gibt. Du kannst, wenn es nötig ist, sagen, er wäre dein Vater, und ich werde, wenn es nötig ist, sagen, er wäre mein Mann. Niemand wird mehr Fragen stellen. Und noch etwas Gutes hat es«, sagte sie erleichtert, »wir werden Geld bekommen. Laut Vertrag bezahlt er ein Jahr im Voraus. Das einzige Problem ist, dass wir ihm das Wohnzimmer abgeben müssen. Aber so schlimm ist das auch nicht, er geht früh aus dem Haus und kommt spät zurück, und am Wochenende ist er nicht da.«

Am nächsten Tag kam ein Mann mit einem großen Koffer. Er hatte ein nervöses Lächeln, einen Wust grauer Haare und eine ganze Reihe seltsamer Zuckungen im Gesicht. Seine Augen blinzelten die meiste Zeit, und er bewegte den

Mund, aber nicht, weil er etwas sagen wollte. Eigentlich schwieg er fast immer.

Seit der Mann in unserem Wohnzimmer wohnte, waren Zeichen eines neuen Lebens zu bemerken: drei Zahnbürsten im Badezimmer, Männerkleidung an der Wäscheleine auf dem Balkon, große Männerschuhe im Flur.

Beim Aufstehen störte der fremde Untermieter. Früh am Morgen, noch bevor der Hahn krähte, rasierte sich der Mann aus Beer Sheva mit einem dieser makellosen elektrischen Rasierapparate, die ganz neu nach Israel gekommen waren. Das Geräusch dieses Apparats ließ einem Schauer über den Rücken laufen, es hörte sich an, als würde der Fingernagel des Lehrers über die Tafel kratzen. Helena wachte jeden Morgen auf, lief in der Wohnung herum und wünschte Schwester Carmela, sie solle nie mehr von einem Wecker geweckt werden, sondern vom Geräusch des Rasierapparats des Mannes aus Beer Sheva.

Aber die Anwesenheit des Mannes machte auch vieles leichter. Die Nachbarn fragten nicht mehr: »Helena, warum heiratest du nicht?« Und niemand schrie mir nach: »Dein Vater ist tot!« Schwester Gamso hörte auf, Helena zu einem Gespräch zu bitten, und unser Konto auf der Bank wuchs.

Der Mann ging jeden Morgen weg und kam jeden Abend wieder.

Eines Abends, als er auf dem Heimweg war, sagte ein Junge zu ihm: »Hallo Sie, Ihre Tochter ist zu Rina gegangen.«

»Sprichst du mit mir?«, fragte der Mann.

»Ja, klar, Sie sind doch der Vater von Elisabeth, nicht wahr? Sie ist bei Rina.«

Der Mann aus Beer Sheva sagte: »Ich bin der Vater von Michal.« Er betrat die Wohnung und schwieg, wie immer, doch diesmal waren die Zuckungen in seinem Gesicht besonders stark.

Ein, zwei Wochen später traf ihn Itta, die Nachbarin, als er von der Arbeit zurückkam. »Guten Abend«, sagte sie. »Vor einer Minute habe ich Ihre Frau im Lebensmittelladen getroffen. Sie hat viele gute Sachen fürs Abendessen gekauft. Guten Appetit und auf Wiedersehen!«

Er gab Itta keine Antwort. Er ging in sein Zimmer und sagte laut vor sich hin: »Sie haben mir hier eine Tochter angehängt, eine Frau, Tiere – ein Viertel mit lauter Verrückten.« Laut schreiend vertrieb er den Hahn, der einen Blick in sein Zimmer werfen wollte: »Weg mit dir! Verschwinde!« Dann ging der Mann in die Küche, zu Helena, die gerade vom Einkaufen zurückgekommen war, und fragte: »Warum habt ihr so viele Tiere?«

»Aus demselben Grund, aus dem Sie hier sind«, antwortete Helena. »Wegen Schwester Carmela.« Als sie seinen erstaunten Blick bemerkte, erschrak sie und sagte, dass sie Tiere eigentlich den Menschen vorziehe.

»Und warum die Hühner?«, fragte er.

»Wegen der Eier«, antwortete sie.

Von da an war er noch schweigsamer. Aus seinem Zimmer hörten wir nur das Geräusch des Rasierapparats. Der Mann hielt noch einige Wochen durch, eine Zeit, in der er gezwungen war, sich zu beherrschen und nichts zu antworten, wenn die Nachbarn zu ihm sagten, sie würden es ihm hoch anrechnen, dass er bereit sei, mit Helena zu leben und Elisabeth aufzuziehen wie eine Tochter. Eines Tages packte er, ohne Vorankündigung, seinen Koffer und verließ die Wohnung. Beim Gehen sagte er zu Itta, der Nachbarin, es komme ihm jetzt gar nicht mehr verrückt vor, jeden Tag von Beer Sheva nach Tel Aviv zu fahren, vor allem, nachdem er nun schon ein paar Monate so gelebt habe, mit Frau, Mädchen und Kikeriki. Als er weg war, stellte sich heraus, dass er seinen Rasierapparat vergessen hatte. Helena schrieb ihm, er solle kommen und ihn abholen. Aber er antwortete nie und kam auch nie.

Die Nachbarn vergaßen die Sache mit dem Mann aus Beer Sheva, für sie wurde Helena wieder zur Witwe und Elisabeth zur Waise. Aber immer, wenn ein unbekannter Mann bei uns auftauchte, ein Handwerker, ein Postbote oder ein anderer Fremder, legte Helena den Rasierapparat auffällig irgendwohin, damit wenigstens er bezeugen könnte, dass in dieser Wohnung nicht eine Witwe allein mit ihrer verwaisten Tochter wohnte.

Kaffee, Kuchen und ein Glas Wasser

Frauen von dort trafen sich zum Fünf-Uhr-Kaffee in Helenas Wohnung hier.

Es waren vier, die regelmäßig zu diesen Treffen erschienen: Itta, Soscha, Fanny und Guta.

Die kräftige Itta trug immer geblümte Kleider in grellen Farben. »Jedes von Ittas Kleidern ist ein Garten«, sagten die Leute im Viertel und lächelten, und wenn man sie fragte: »Itta, warum hast du so viele Blumen und Farben auf deinen Kleidern?«, dann antwortete sie: »Meine Kleider sind lebendiger als meine Seele.«

Man sagte über Itta, sie sei schön wie ein Gedicht. Sie hatte kleine rehbraune Augen, tief und eingesunken, die immer glänzten wie von Tränen. Ihr Gesicht war nie geschminkt, und ihre schwarzen Haare wehten wild, als hätten sie nie einen Kamm oder einen Friseur gesehen. Helena erzählte, Itta würde sich schon seit Jahren nicht mehr kämmen, denn wegen der Knoten in ihren Haaren würde ihr das Kämmen zu weh tun. Itta hingegen sagte, sie fühle schon seit Jahren keine Schmerzen mehr. Manchmal, wenn sie barfuß herumlief, was sie sehr liebte, warnten die Nachbarn sie vor Steinen auf einem sandigen Pfad oder vor Glasscherben und Nägeln auf dem Weg, und dann antwortete sie immer: »Ich habe euch doch gesagt, mir tut nichts mehr weh.«

In der Nachbarschaft und überhaupt wusste man, dass Itta in diesem Leben schon ihr Maß an Leid ausgeschöpft hatte. Wie Fejge, ihre Schwester, zu sagen pflegte: »Dort hat sie gelitten, die Ärmste, aber auch hier ist sie noch dort, und das ist der schlimmste Schmerz von allen.«

Soscha mit den grünen Augen war die Älteste der vier. Ihre hellen Haare waren blond gefärbt und wurden mithilfe eines besonders starken Sprays in Form gehalten. Jedes Mal, wenn sie den Kopf auf die Hand stützte, neigte sich der Haarturm zur Seite, als würde er umfallen, und sie sah aus, als würde sie zusammenbrechen.

»Oj weh« war ihr Kennzeichen. Sogar ihre Begrüßung begann mit »oj«.

Wenn sie zu den Treffen kam, drückte sie immer eine kleine Lacktasche an sich, mal eine weiße, mal eine schwarze. Die Tasche war voller Papiertaschentücher. »Ihre Auffangvorrichtung für Tränen«, sagten die anderen.

»Soscha«, erzählten sie, »hat schon viele Behandlungen hinter sich, und nach jeder war sie kränker als zuvor.« Es war nicht nur der Körper, der sie schmerzte, sondern auch das Herz. Sie weinte nicht nur über das, was einmal gewesen war und nicht mehr war, sondern vor allem über das, was hätte sein können und nie sein würde. Soscha war ganz allein, ohne Familie, ohne Mann, ohne Kinder, nur mit Schmerzen.

Fanny, die Sprudelnde, war die Attraktivste der vier. »Das Modell«, so wurde sie bei den Treffen genannt. Sie war schlank, gepflegt, mit blauen Augen und blonden Haaren wie in der *Vogue*. Ihr Körper war immer in ein elegantes Seidenkostüm gehüllt, und zu jeder Jahreszeit trug sie spitze Schuhe mit hohen Absätzen. Das Klicken ihrer Schuhe kündete ihr Kommen an, wie eine Glocke um den Hals die Ankunft eines Schafes. Fanny war die Nachhut, sie kam immer als Letzte, wie zum Zeichen, dass es jetzt losgehen könne.

Die Ehre und die Erlaubnis, so spät zu kommen, wurde ihr aufgrund ihres gesellschaftlichen Status gewährt: »Ihr Mann ist ein großer Rechtsanwalt, vielleicht sogar Dr. jur.«, hieß es im Viertel.

»Fanny«, hörte ich auch sagen, »hatte immer Asthma und immer Liebhaber. Sie, die Ansehen und Bildung gewollt hat, hat Ansehen und Liebe bekommen.«

Sowohl in der Vergangenheit als auch in der Gegenwart hatte Fanny einen Liebhaber. »Nichts Ernstes, nur eine Erinnerung an frühere Zeiten«, sagten die Leute. »Und der Ehemann«, sagte sie selbst, »nichts Ernstes, nur für das Ansehen.« Die Nachbarn, die es immer besser wussten, sagten, der Ehemann sei »für die Nachbarn und fürs Asthma«. »Nur mit ihm«, flüsterte man hinter ihrem Rücken, »bekommt sie einen Anfall.«

Als sie einen Sohn gebar, nannte sie ihn Pe'er, Pracht, und sie sorgte dafür, dass alle erfuhren: Er war nicht einfach irgendein Junge, er war eine Schöpfung. Sie verbrachte ihre Zeit vor allem damit, Geschenke für das wunderbare Kind zu kaufen und regelmäßig Fachärzte aufzusuchen, die feststellen sollten, ob der Junge gesund sei, ob er sich gut entwickle oder ob es, Gott behüte, irgendeinen Fehler gebe, den man korrigieren müsse, bevor der Junge groß wurde. In dem Zimmer des gepriesenen Kindes, so erzählte man, habe sie an jede Wand einen Spiegel gehängt und gesagt: »Damit er jederzeit sieht, wie wunderbar er ist.«

Zu dem Quartett gehörte noch Guta, die Frau unseres Rabbiners.

Guta war eine Frau von besonderen Ausmaßen. Jedes Kleid, auch wenn es noch so groß und weit war, sah an Guta aus wie ein elastischer Verband. Sie hatte riesige Brüste. »Ihre Brüste«, witzelte man in der Nachbarschaft, »verkünden ihre Ankunft schon eine halbe Stunde vorher.« Ihr straffes Kopftuch in einem kräftigen Blau war Anlass zu dem Gerücht, ihr seien an dem Tag, als der Krieg ausbrach, alle Haare ausgefallen. Man glaubte daher, die Frau des Rabbiners trage ihr Kopftuch nicht aus religiösen Gründen, sondern wegen einer Glatze. Einen Augenzeugenbeweis dafür gab es nie, denn als Frau des Rabbiners war sie verpflichtet, an allen Tagen des Jahres ein Kopftuch zu tragen.

»Die Frau des Rabbiners«, wussten einige andere gute Seelen zu berichten, »war überhaupt nicht fromm gewesen, sondern sogar eine Sünderin, sie hat alles verloren, was sie hatte, und dann hat sie aus dem, was nicht mehr da war, das gebaut, was da ist.« Sie lud Gott zu sich ein und blieb in ständiger Verbindung mit ihm. Ihr Haus machte sie zu einer

Synagoge, ihren Mann zu einem Rabbiner und sich selbst zur Frau des Rabbiners. Sie adoptierte ein verwaistes Mädchen, das sie Emuna, Glaube, nannte, und einen verwaisten Jungen, den sie Hillel, Lob, nannte. Über die Adoptionen sagten die Leute: »So eine besonders gute Tat war das nicht, sie wollte nur verbergen, dass sie unfruchtbar ist, und der Frage ausweichen, warum sie das biblische Gebot ›Seid fruchtbar und mehret euch‹ nicht erfüllt.«

Die Frauen von dort trafen sich zum Fünf-Uhr-Kaffee in Helenas Wohnung hier.

Zu dem Quartett gesellten sich gelegentlich auch weitere Gäste. Ich erinnere mich nur an ihre Nummern. Die Namen waren, Gott stehe uns bei, die reinsten Zungenbrecher, die Nummern auf ihren Armen waren leichter zu behalten. Ich stand auf dem Balkon oder lehnte mich aus dem Fenster und verkündete: »546 772 kommt!« Oder: »94 826 ist gleich da.«

Dann wurde Helena blass, und ihr Herzschlag setzte einen Moment aus. Wenn sie sich wieder gefangen hatte, sagte sie: »Elisabeth, du hast recht, so werden wir es nicht vergessen, ja, so werden wir es nicht vergessen.« Aufgrund der Nummernangabe wusste sie, wie viele Stühle sie noch hinstellen und wie viel Kaffeewasser sie aufsetzen musste.

Das Treffen bei Helena fand alle zwei Wochen zur gleichen Zeit statt, man saß immer um denselben Tisch, mit der gleichen Bewirtung.

Frauen von dort saßen bei Helena hier um den Tisch.

Das Schließen der Fensterläden war das Signal für sie, und dann folgte alles dem bekannten Drehbuch. Das grelle Sonnenlicht wurde durch eine blasse Glühbirne und die Flamme des Seelenlichts ersetzt. Ein paar Sonnenstrahlen versuchten noch mit letzter Kraft in das verdunkelte Zimmer einzudringen, doch die Angst, von einem Fremden gehört zu werden, ließ nicht zu, dass auch nur die Sonne Zutritt hatte. Die Sonne und die Nachbarn wurden bewusst ausgeschlossen.

Die Kulisse war fertig, die Schatten tanzten, die Beleuchtung war gedämpft.

»Jetzt«, sagte Helena dann immer feierlich, und das Gespräch wandte sich anderem zu.

Soscha öffnete ihre Tasche, griff mit zitternden Fingern nach ihren Papiertaschentüchern, zog eines nach dem anderen heraus und legte sie vor sich auf einen Haufen. Und wie auf das Taktzeichen eines großen Dirigenten stieß sie eine Reihe von Schreien aus. Immer fing sie mit »Weh, weh, weh« an und weinte, fuhr mit »Aj, aj, aj« fort, dann wieder »Weh, weh, weh« und »Aj, aj, aj«, bis zum Ende des Treffens oder bis zum letzten Taschentuch. Nie sagte sie irgendetwas anderes, bis Itta anfing zu schreien: »Cholera! Psiakrew!* Kurves!**«

Sie wandte den Kopf und sprühte Speichel auf den Tisch.

* Poln.: Hundeblut.
** Jidd.: Huren.

Soscha wischte mit einem Papiertaschentuch die Spucke weg, die sich mit ihren Tränen mischte. In der Hoffnung, Itta möge sich beruhigen, brachte Helena ein Glas Wasser für sie. Aber es war Soscha, die das Glas nahm, denn die vielen Tränen hatten sie schon ausgetrocknet.

Plötzlich merkte Fanny, dass sie ebenfalls Durst hatte. Sie wandte sich an Helena und bat, wie sie es gewohnt war, um den Kaffee in der Porzellantasse mit Goldrand und einem Stück Zucker und einem Keks auf der Untertasse. Fanny nahm den Tassenhenkel mit Daumen und Zeigefinger und spreizte den Mittelfinger, den Ringfinger und den kleinen Finger ab. Zwischen den Schlucken holte sie einen Spiegel aus ihrer Tasche und suchte einen Lichtstrahl, um zu kontrollieren, ob ihr Lippenstift noch zu sehen war. Wenn sie die Tasse auf die Untertasse stellte, erinnerte das Klirren des Porzellans die anderen daran, dass Fanny hier war. Und bevor jemand in feierlichem Ton zu ihr sagen konnte, »Schalom, Pani Fanny«, sagte sie, wie entschuldigend, das sei von damals, seit damals schaue sie immer in den Spiegel, nicht wegen des Lippenstifts, das sei nur eine Ausrede, sie müsse einfach im Spiegel nachsehen, ob sie selbst noch existiere.

Itta sagte dann verächtlich: »Wir haben es gehört, wir haben es gehört, dein Spiegel blendet.« Sie wird lauter, schreit: »Kurves! Chasers!*« Als wolle sie ihren Status als Star des Treffens wiedererlangen. Soscha wiederum gab ihr »Oj weh, oj weh« von sich. Aus Angst, Stimmen und Geräusche

* Jidd.: Schweine.

könnten nach außen dringen, prüfte Helena die Fenster und die Läden, bevor sie den Anwesenden Kaffee und Gebäck brachte.

Und dann übernahm Guta, die Frau des Rabbiners, ihre Aufgabe. Mit einer Stimme, die lauter war als die der anderen, rief sie »Schma Jisroel«, Höre Israel, und dann das Totengebet, »Sein großer Name werde erhoben und geheiligt«, »Sein Name sei gepriesen«. Danach rief sie den Allmächtigen auf, zu diesem Treffen zu kommen. »Und wenn er keine Zeit hat und nicht kommen kann, möge er wenigstens zuhören!« Erst danach brach Helena ihr Schweigen. »Wenn er damals nicht geantwortet hat, was rufst du ihn jetzt an! Ihr könnt gehen, und dass Gott ja nicht in mein Haus kommt. Und dass sie«, sie deutete beschuldigend mit dem Finger auf Guta, »ihn ja nicht auf meine Kosten einlädt. Soll sie ihn doch zu sich in die Synagoge einladen.«

Nun bereiteten sich alle auf den Abschied vor. Sie sammelten ihre Taschen zusammen, die Mäntel und sich selbst. Nur Soscha wurden weitere fünf Minuten zugestanden, damit ihre geschwollene Nase und ihre roten Augen wieder zu ihrem ursprünglichen Aussehen zurückkehren konnten und den Nachbarn nichts verrieten.

Die Fensterläden wurden geöffnet, das Licht in den Zimmern angeknipst.

Das Seelenlicht warf Schatten in die Dämmerung, die eingetreten war.

Bevor es Nacht wurde, notierte Helena mit einem Bleistift im Kalender: In zwei Wochen, zur gleichen Zeit, Treffen mit Itta, Soscha, Fanny und Guta.

»Was weißt du? Was verstehst du von allem, was du siehst?«, fragte sie, als sie bemerkte, dass ich zuschaute, und wartete nicht auf eine Antwort. Und wirklich, was wusste ich? Was verstand ich?

Kol Nidre

Jom Kippur.
Die ganze Nachbarschaft im Sühnedienst; die Häuser menschenleer. An diesem Tag gab es für alle nur ein Haus – Gutas Synagoge. An Werktagen war es ein Wohnhaus, an heiligen Tagen verwandelte es sich in ein Haus Gottes. Im Wohnzimmer, das zum Betraum wurde, fügten sich heilige Bücher und Kultgegenstände zusammen mit den Stühlen, dem Sofa und dem Tisch. Das Schlafzimmer wurde zur Frauenabteilung umfunktioniert, und der Flur trennte, wie es das Gesetz vorschreibt, die männlichen und die weiblichen Betenden. Der Raum mit dem Thoraschrein füllte sich mit Reihen von Betern, eingehüllt in den Gebetsschal.

Auf dem Rasen im Hof spielten die Kinder Fangen, Verstecken und Dreisprung. Das göttliche Jugendkulturzentrum war mit Leben erfüllt.

Helena bereitete sich wie die anderen auf Jom Kippur vor. Vor Sonnenuntergang zog sie sich weiß an, bedeckte den Kopf mit einem weißen Seidentuch, das halb wie ein Gebetsschal aussah, halb wie ein Brautschleier, stellte sich auf den Balkon ihrer Wohnung im zweiten Stock und schaute zur Synagoge auf der anderen Straßenseite. »Wann wird das

Jiskor* gebetet?«, fragte sie diejenigen, die zum Beten hineingingen. »Ich muss sie und Gott an ein paar Dinge erinnern.«

Und mich schickte sie in den Hof zum Spielen.

Jedes Jahr, vermutlich im Voraus organisiert, stand ihr ein Kind zu Diensten, das vom Hof heraufrief: »Helena, Helena, als Nächstes kommt das Jiskor dran!« Helena verschwand vom Balkon und stand blitzschnell in der Synagoge, vor dem Thoraschrein. Mit einem Schlag wurde es still.

Alle in ihren Gebetsschal gehüllten Beter erstarrten. »Aber das ist die Abteilung der Männer.« Verwirrung, Verlegenheit. Anfangs versuchten einige zu erklären: »Du hast dich geirrt, geh ins andere Zimmer.« Helena schaute sie an und sagte: »Ich habe mich nicht geirrt, ich bin am richtigen Ort.« Und mit einer heftigen Bewegung drehte sie sich von den Betenden zum Thoraschrein, und ihre Stimme donnerte in die Stille: »Zur Kenntnis Gottes und zur Kenntnis der Gemeinde, ich, Helena, Spross einer Familie, die ausgerottet wurde, trete vor dich, Herr, um ein Gelübde zu erfüllen, das ich abgelegt habe, es ist ein Auftrag, den ich mir nicht ausgesucht habe. Ich erinnere an Seelen. Und nur du weißt, warum ausgerechnet ich das tun muss. Ich stehe hier an ihrer statt. Wenn sie noch da wären, hätten sie vor dem heiligen Schrein stehen können, und ich stünde dort, wo ich hingehöre.«

* Jiskor (hebr.: Er [Gott] gedenke): Gebet für das Seelenheil der Verstorbenen.

Plötzlich, den Tränen nahe, drehte sie sich um zu den Betern, deren Blicke wie gebannt an ihrem Rücken gehangen hatten. »Was starrt ihr mich so an? Das bin nicht ich, ich bin jeder, der nicht hier ist.« Und wieder wandte sie sich zum Thoraschrein. Vollkommen starr stand sie da, und ihr Seidentuch, das vorher wie ein Gebetsschal oder ein Brautschleier ausgesehen hatte, verwandelte sich: Helena war in Weiß gehüllt, wie ein Toter in Leichentücher. Nach einem kurzen Moment wandte sie sich wieder an die Gemeinde. »Ich werde nur die Vornamen sagen«, erklärte sie, als leistete sie einen Schwur, »damit ihr euch, Gott behüte, mit dem Beten nicht verspätet.«

Der Rabbiner gab ein Zeichen, er verstand, dass ihm nichts anderes übrig blieb. Und Helena zählte die Namen auf: »Gott gedenke Kube, Mosche, Aharon, Selig, Judel, Kalman, Pinchas und Efraim …« Sie begann mit den Namen der Männer und fuhr mit den Namen der Frauen fort: »Frieda, Pepa, Golda, Nina …« Die Finger ihrer langen, schmalen Hände bewegten sich wie Kontrolleure, einer nach dem anderen, zu jedem Namen ein Finger, zu jedem Finger ein Name, und die Zahl der Finger wuchs mit der Zahl der Namen. Helenas Liste war lang.

In der Synagoge herrschte Schweigen.

Den Männern war anzumerken, dass ihre Kehlen trocken und ihre Augen feucht wurden, und in der Frauenabteilung wurden Taschentücher weitergereicht, um die Tränen abzuwischen. Vom Thoraschrein zerriss eine Melodie die Luft, einer nach dem anderen stiegen dort die Namen empor – und jeder Name mit seinem eigenen Weinen. Am Ende der

Liste war Helenas Weinen nicht mehr zu hören, nur noch das Weinen der ganzen Gemeinde. Am Schluss bedankte sie sich bei allen, die ihr geholfen hatten, ihr Gelübde zu erfüllen, und verließ das Bethaus.

Die Zeremonie des Jom Kippur nahm ihren vorgeschriebenen Verlauf.

Ja, so geschah es jedes Jahr an Jom Kippur, in der Synagoge unseres Viertels.

Und im Hof spielten die Kinder weiter ihre Jom-Kippur-Spiele.

Wenn Helena vom Balkon verschwand, verschwand ich aus dem Hof und schaute vom Hinterfenster der Synagoge aus zu, was sich vor dem Thoraschrein abspielte. Der Schrein verdeckte sie, verbarg ihren Blick, ihren Schmerz, aber nicht die Stimme. Anfangs hörte ich nur zu, später stellte ich mich auf die Zehenspitzen, um etwas zu sehen, und noch später genügte es mir, den Hals zu recken. So erfuhr ich jedes Jahr etwas mehr. Als ich groß genug war, wurde in unserem Viertel eine andere Synagoge gebaut, eine vornehme und prächtige, und die alte wurde geschlossen.

Helena stand weiterhin jedes Jahr auf dem Balkon, und wenn es so weit war, dass der Verstorbenen gedacht wurde, sagte sie Namen auf. Ohne Gemeinde, ohne Rabbiner, ohne Betende, nur im Angesicht Gottes.

Pakete von Chajim

Alle Kinder unseres Viertels hatten Onkel in Amerika, und alle bekamen von diesen Pakete, und der Inhalt eines Pakets bestimmte, wer König oder Königin des Viertels war. Auch ich, erzählte mir Helena, hätte einen wunderbaren Onkel in Amerika. Viermal im Jahr verkündete sie mir voller Freude, der Onkel Chajim aus Amerika habe mir ein Paket geschickt. Dies war das Signal zu einer im Voraus bekannten Expedition.

Wir gingen zusammen zur Postfiliale unseres Viertels, die im Wohnzimmer eines Privathauses untergebracht war. Der Hausherr, ein Angestellter mit rundem Gesicht und rundem Bauch, begrüßte Helena und überreichte ihr, als wäre es vorher ausgemacht, ein Paket. Dieses Paket war, wie alle, die ihm vorausgegangen waren oder ihm noch folgen würden, in hellbraunes Papier verpackt, mit bunten ausländischen Briefmarken geschmückt und parallel und diagonal mit dunkelbraunen Streifen beklebt. Zwischen den Klebstreifen befanden sich, mit einem Stift in das Papier gekratzt, in lateinischen Buchstaben die Adresse und der Absender, und das alles wurde mit einer dünnen, messerscharfen Schnur zusammengehalten.

Das geschah viermal im Jahr: im Herbst, im Winter, im Frühling, im Sommer. Zu jeder Jahreszeit ein Paket.

»Los, schnell nach Hause«, trieb mich Helena an und packte meine Hand. Sie bedankte sich bei dem Postangestellten und drückte das Paket fest an sich. »Wir haben es nicht weit. Auch wenn wir langsam gehen, sind wir gleich da«, sagte ich. Aber Helena ließ nicht locker: »Schnell, schnell, ich möchte sehen, ob Onkel Chajim aus Amerika gewusst hat, was du dir wünschst. Er hat dich sehr lieb.«

Onkel Chajims Pakete bewiesen nicht nur seine Liebe, sondern auch seine erstaunliche Fähigkeit, meine geheimen Sehnsüchte und Träume zu erraten: viele Süßigkeiten und Spiele und vor allem Kleidungsstücke. Alles, was ich mir insgeheim oder laut gewünscht hatte, alles, was ich gesehen und gewollt hatte … alles, was die anderen hatten. Und alles war genau richtig. Wenn es ganz selten einmal vorkam, dass mir das eine oder andere Kleidungsstück nicht passte, verkündete Helena nachdrücklich: »Chajim hat sich nicht geirrt, du bist einfach gewachsen.«

Aber Chajim irrte sich fast nie.

»Woher weiß er so viel von mir?«, fragte ich.

»Ich habe ihm ein Foto geschickt.«

»Gut, dann weiß er, wie ich aussehe, aber woher weiß er, was ich mag?«, beharrte ich.

»Ich habe ihm einen Brief geschrieben«, antwortete sie.

»Wie sieht Chajim aus?«, fragte ich.

»Er ist reich«, antwortete sie.

»Aber wie sieht er aus?«, fragte ich weiter.

Und die Antworten entsprachen der Zahl der Pakete. Jedes Paket hatte seinen eigenen Chajim.

Ein Paket hatte einen sehr großen Chajim mit blauen Augen und vielen blonden Haaren; nach Helenas Angaben war er nicht nur reich, sondern auch sehr begabt.

Bei einem anderen Paket beschrieb Helena ihn mit Bart, Schläfenlocken, einer Kippa auf dem Kopf und mit großen braunen Augen, klug, jemand, der die Thora kannte und ihre Gebote erfüllte.

Mit jedem Paket wurde Chajim erschaffen, verblasste wieder, um mit dem nächsten neu zu erstehen. Er wechselte nicht nur Gestalt und Aussehen, sondern auch seine Familie und seine Freunde.

Das Leben, das er führte, hing von dem jeweiligen Paket ab.

Bei einem hatte Chajim seine ganze Familie verloren, bei einem anderen hatte er nur Söhne und mich als Tochter adoptiert, beim dritten wurde er Witwer, und nur ein Paket später heiratete er. Einmal war er Helenas Onkel, einmal der Mann ihrer Schwester und dann wieder ein Nachbar, überhaupt nicht mit uns verwandt.

Ein neues Paket – ein neuer Chajim. Trotz all dieser Pakete über Jahre hinweg wurde nie eindeutig klar, wer er war. Zweifellos erschuf Helena aus vielen Chajims den Chajim in Amerika.

Und Chajim, wer immer er auch war, erlaubte Helena, mein Ansehen zu stärken: Ich war die Königin des Viertels. Zwar hatten auch die anderen Kinder hübsche Kleidungsstücke in ihren Paketen, aber ihre Onkel irrten sich in Farbe und Größe. Hillels Hose war zu lang und musste abgeschnitten werden, damit er nicht drauftrat; Rachels Schuhe mussten ausgestopft werden; Pe'er hatte goldene Knöpfe am Hemd, und alle lachten und sagten, wie lächerlich das aussehe; und nur ich hatte genau richtige Kleidungsstücke. Aufgrund meines Ranges war ich die Erste bei Himmel und Hölle und beim Murmelspiel. Beim Seilhüpfen hatte ich ein besonderes Privileg: Ich durfte als Erste springen und auch ein paarmal hintereinander, wenn ich es wollte, auch wenn ich mich verhedderte und eigentlich verloren hatte. Nie musste ich das Seil schwingen.

Bis eines Tages etwas geschah. Ich hüpfte und hüpfte und hüpfte, während alle anderen Kinder gehorsam darauf warteten, dass sie an die Reihe kommen würden, und plötzlich rutschte ein grausames Etikett hinten aus meiner Bluse, die aus einem kürzlich erhaltenen Paket stammte, ein Schild, von dem Helena wohl gehofft hatte, dass es nie jemand lesen würde: »Ata – Made in Israel«. Plötzlich fiel ich von meinem höchsten Rang auf den tiefsten. Man verlangte von mir, dass ich bei Himmel und Hölle als Letzte in der Reihe wartete, ich durfte beim Murmeln nicht mehr mitspielen, und beim Seilhüpfen erlaubte man mir nur noch, das Seil zu schwingen.

In einem verzweifelten Versuch zu beweisen, dass es sich hier um einen einmaligen Irrtum gehandelt habe, unternahm ich zu Hause eine gründliche Kontrolle. Ich untersuchte Schubladen und Schränke und prüfte alles, was in den Paketen gewesen war: Süßigkeiten, Spiele und Kleidungsstücke. Ohne Ausnahme waren sie »Made in Israel«.

Amerika hatte keinem einzigen Gegenstand seinen Stempel aufgedrückt. Meine Augen füllten sich mit salzigen Tränen, und ein schrecklicher Zorn stieg in mir auf.

Helena fragte nicht, was passiert sei. Sie wusste es.

»Chajim, mein Kind«, sagte sie, »kauft in Amerika nur Sachen, die in Israel hergestellt sind. Er mag das nicht, was die Gojim machen.«

Aber mein Status war bereits verspielt. Und was Chajim mochte oder nicht, änderte nichts mehr an meiner Situation. Es war auch nicht mehr wichtig, ob er groß oder klein war, Witwer oder verheiratet, ein Onkel oder ein Nachbar, ein Rabbiner oder ein Prophet.

Und Helena ging weiterhin regelmäßig zur Post, im Herbst, im Winter, im Frühling und im Sommer, und holte allein das Paket. Schweigend räumte sie die Sachen in den Schrank und in das Fach mit den Spielen und aß die Süßigkeiten allein auf, denn bei ihr wurde Chajim mit jedem Paket weiterhin immer neu geschaffen und lebendig.

Doch als der Angestellte starb und die Postfiliale geschlossen wurde, hörten die Pakete auf, und damit wurde auch Chajim begraben.

Durchreisende

Mai 1960.

»Adolf Eichmann ist in Israel und wird hier vor Gericht gestellt werden …«

Noch während Ben Gurions Stimme aus dem Radio zu hören war, zerbrach die Alltagsroutine in unserem Viertel. Türen wurden weit aufgerissen, Frauen stürzten aus ihren Wohnungen, rannten aufeinander zu, umarmten sich und küssten sich unter Tränen.

Ein Stimmenchaos erhob sich in den engen Straßen, und das Wehklagen und die Glückwünsche verschmolzen ineinander. Die ganze Straße war voller Geschrei, voller Tanz, voller Schmerz und voller Freude. Kinder, von ihren Eltern mitgezogen, beobachteten erstaunt dieses seltsame Fest.

»Mama«, fragte ein Junge, »ihr freut euch wie bei einer Geburt und weint wie bei einer Beerdigung. Was ist passiert? Ich verstehe es nicht.«

»So ist es im Leben nach dem Tod«, antwortete ihm Helena, die danebenstand, und sie fügte hinzu: »Das kann man nicht verstehen.«

Der Junge schwieg. Weitere Fragen wurden nicht gestellt.

Die Kinder verließen die Erwachsenen und fingen an zu

spielen. Sie spielten Fangen und Verstecken, Räuber und Gendarm und Schnitzeljagd. »Eichmann ist links, geh nach rechts, und du kommst an«, schrieben sie auf Zettel. Wer andere ärgerte, wer störte oder wer verlor, wusste, dass man ihn verwünschen würde: »Du sollst in Eichmanns Grab sterben«, »Du sollst noch vor Eichmann getötet werden« oder »Du sollst mit Eichmann in der Zelle sitzen«.

Eichmann war in unser Viertel gekommen.

April 1961.

»Wenn ich hier vor Ihnen stehe, Richter Israels, um Adolf Eichmann anzuklagen, stehe ich nicht allein. Mit mir stehen hier sechs Millionen Ankläger ...« Und danach die Zeugen, die Geschichten, die gebrochenen Eltern, und aus dieser Mischung aus Chaos und geisterhaftem Nebel stieß Sarale Fata Morgana hervor, eine Durchreisende von einem anderen Ort.

Ein schwarzes Tuch ersetzte ihre Haare, die blauen Augen quollen ihr aus dem Schädel, die dicken Lippen verbargen zwei Goldzähne, eine Lücke, einen anderen einzelnen Zahn, eine zweite Lücke und höchstens noch zwei, drei weitere Zähne, alles andere war Zahnfleisch. Ihre hervorstehenden Backenknochen und das spitze Kinn passten nicht zu ihrer kleinen Nase. Ihr ausgetrockneter Körper war in lange Kleider gehüllt, die Ärmel breit gesäumt. Ihre dünnen Beine, die unter der Last zusammenzubrechen schienen, steckten in hohen Militärstiefeln und verrieten eine dunkle Vergangenheit, eine graue Gegenwart und ein leichtes Hinken. Immer trug sie ein Netz mit sich, darin waren ein zerfleddertes Gebetbuch und ein neu aussehendes Transistorradio, von dem die Leute sagten, Sarale habe es an dem Tag gekauft, an dem Eichmann gefasst worden war. Der Eichmann-Prozess, Sarale und das Transistorradio waren eng verflochten. Das Radiogerät lieferte die Stimmen des Anklägers und der Zeugen, Stimmen, die sich in der Luft auflösten, und Sarale lieferte die dazugehörigen Bilder.

Sie wandte sich an Passanten. »Verzeihung«, sagte sie, »ist hier der Eichmann-Prozess?« Sie hielt jedem, der zufällig vorbeikam, ihr Transistorradio hin. »Können Sie mir vielleicht erklären, was sie sagen?«, bat sie. Und egal, wer es war, der Angesprochene zuckte mit den Schultern, bekam einen starren Blick, ignorierte sie und verschwand.

Sarale gab nicht auf. »Sagt mir, wann werde ich als Zeugin gerufen? Haben sie im Radio schon gesagt, dass ich kommen soll?«

Niemand rief sie als Zeugin auf.

Und sie wiederum – man konnte nicht sagen, ob sie von Sinnen war oder nicht – schrie, stampfte, heulte, tanzte, sang und schlug sich selbst.

»Sarale, was ist passiert?«, fragte jeder, der sah, wie sie abwechselnd tanzte und weinte, sang und schrie, stampfte und sich schlug. Sie hatte nur eine einzige Antwort: »Sie haben Eichmann geschnappt, sie haben Eichmann, sie haben …« Da war der Fragende auch schon verschwunden, und sie schien jede Kontrolle verloren zu haben. »Sie haben Eichmann geschnappt, sie haben Eichmann, sie haben …« Die Leute sagten, sie fantasiere, sie sei eine Prophetin, sie verfüge über geheime Kräfte, sie sei eine Hexe. Sie sagten, sie sei von Geburt an eine Waise, und sie sagten auch, sie sei sehr, sehr krank.

Die Geschichten über Sarale standen in unserem Viertel hoch im Kurs. Wenn man den Gerüchten Glauben schenken konnte, hatte Sarale diverse Geburtsorte, sehr viele Eltern, fünf oder sieben Ehemänner, eine unbekannte Anzahl von Kindern, eine Reihe von Berufen und Dutzende schrecklicher Erlebnisse hinter sich. Sarale war eine unerschöpfliche Quelle der Inspiration für alle Geschichtenerzähler, für diejenigen, die jemanden kannten, der als »sichere Quelle« galt, und vor allem für die Kinder.

Die Kinder liebten es, ausgerechnet sie zu fragen: »Wie geht es Eichmann?« Wenn sie Sarale auf einer Parkbank sitzen und schlafen sahen, schrien sie: »Sarale, steh auf! Eichmann kommt zu uns ins Viertel!« Sarale fuhr entsetzt hoch, sprang von der Bank, bereit zur Rache, brüllend wie ein verwundetes Tier und zitternd vor schrecklicher Angst. Man sagte, sie habe einmal zwischen Schreien und Zittern sogar den Urin nicht halten können und sich plötzlich entleert. Immer gab es jemanden, der lachte, und immer auch jemanden, der bei diesem Anblick weinte.

Für die Kinder wurde das zu einem Zeitvertreib.

»Sarale, du bist als Zeugin gerufen!«, stichelten sie. Wenn sie diese Nachricht hörte, fing Sarale an, »Hava nagila« zu singen und den traditionellen Krakowiak zu tanzen, und der Chor der Kinder antwortete mit einem Singsang: »Dummkopf, reingefallen, Dummkopf, reingefallen …« Dann fing Sarale an zu rennen, packte eines der Kinder, hielt es fest und schrie: »Du bist eine Fata Morgana, auch Eichmann ist eine Fata Morgana.« Und wenn sie das Kind losließ, murmelte sie vor sich hin: »Ich bin Sarale Fata Morgana, ich bin Sarale Fata Morgana, alles hier ist eine Fata Morgana.«

Die Kinder rannten erschrocken nach Hause und erzählten, Sarale würde Kinder fangen und wüsste irgendein furchtbares Abrakadabra. Daraufhin beschlossen die Eltern, diese Störung loszuwerden und die Verrückte aus der Gegend zu verjagen.

Als Helena von dem Plan hörte, Sarale zu vertreiben, protestierte sie laut und verlangte: »Man muss Sarale beim Eichmann-Prozess aussagen lassen! Dann werden alle sehen, dass sie nicht verrückt ist.«

Tag und Nacht schrieb Helena Briefe an Behörden, in denen sie darum bat, Sarale die Ehre zu erweisen, als Zeugin aussagen zu dürfen. Die Antworten zeigten, dass Helena, wie immer, allein stand: »Verehrte Frau Helena«, war in einem Brief zu lesen, »zu Ihrer Kenntnis, Sarale ist nicht bei Verstand, und ihre Zeugenaussage ist nicht zulässig.« Helena gab nicht auf.

»Sehr geehrter Herr, zu Ihrer Kenntnis, die Zeugenaussage von Menschen, die bei Verstand geblieben sind, ist nicht tauglich, denn vermutlich haben sie eine leichte Shoah erlebt. Sarale, sehr geehrter Herr, braucht im Zeugenstand kein Wort zu sagen. Sie braucht nur dazustehen, und jeder auf der Welt wird sehen, welche Shoah Eichmann in ihrer Seele angerichtet hat.«

Helena ließ sich nicht entmutigen, sie behauptete weiterhin, Sarale sei eine wichtige Zeugin der Anklage. Sie beriet sich mit Rechtsanwälten und fügte ihren Bitten juristische Formulierungen hinzu wie: »Eichmann wird nicht aufgrund der bestehenden spröden Gesetze verurteilt, sondern aufgrund eines Gesetzes speziell für Nazis und ihre Helfershelfer; deshalb muss auch Sarale, entgegen den Buchstaben des allgemeinen Gesetzes, vor Gericht in den Zeugenstand treten dürfen. Wehe einer Gesellschaft, die davon ausgeht, dass alles im Voraus festgelegt ist, die keinen Raum lässt, Einspruch zu erheben und dem Einzelfall gerecht zu werden. In der Justiz und in der Medizin gibt es immer Ausnahmen. Wir dürfen nicht starr sein. Es ist unsere Pflicht als Menschen, aufmerksam, empfindsam und flexibel zu sein, nur dann werden wir gewinnen …« Diesen Brief schickte sie an das Büro des Ministerpräsidenten. Sarale sagte nicht als Zeugin aus.

Als Eichmann zum Tod durch Erhängen verurteilt wurde, hatte Sarale nur noch eine Bitte: »Wenn ich schon nicht gegen ihn aussagen darf, dann will ich ihn wenigstens hängen.« Sie stieg in jeden Autobus, der an der Endhaltestelle stand, setzte sich ans Steuer und bat den Bus, vor seinem Fahrer zu fliehen und sie zu einem wichtigen Auftrag zu fahren. Später wandte sie sich mit ihren flehenden Bitten an den Falafelverkäufer, den tauben Milchhändler, den Eisverkäufer, an jedes Kind, das vorbeikam, und überhaupt an jedermann.

An diesem Tag erschien Helena bei der Polizei und warnte: »Die Sache wird nicht gut enden.«

»Der Eichmann-Prozess hat ihr den Verstand verwirrt«, antwortete der diensthabende Polizist. »Wir bei der Polizei kennen dieses Phänomen.« Und er fügte hinzu, er verstehe, was Sarale so bedrücke. Um Helena zu beruhigen, versicherte er ihr, es würde keinen Grund zur Sorge geben, sie bei der Polizei wüssten, dass Sarale nicht gefährlich sei, weder für sich noch für ihre Umgebung, sie sei einfach eine unglückliche Frau.

Helena wurde ohnmächtig.

Bei der Polizei sorgte man für Erste Hilfe: Wasser und eine Ohrfeige, und man gab ihr den Rat, sie solle zu einem Arzt gehen und sich ein Beruhigungsmittel geben lassen. Helena ging zur Krankenkassenambulanz und schrie den Angestellten beim Empfang an, es gehe nicht um sie, sie komme wegen Sarale, die unbedingt Hilfe brauche.

Dr. Rosentuch kam aus dem Behandlungszimmer, in seinem weißen Kittel und mit ernstem Gesicht. Die eine Hälfte seines Mundes hielt eine Pfeife, aus der weißer Rauch aufstieg, und mit der anderen forderte er Helena mit Nachdruck auf, zu verschwinden und nicht weiter zu stören.

Helena lief durch die Straßen unseres Viertels und sprach alle an, den Kioskverkäufer, den Gemüsemann, die Nachbarn, jeden Menschen, den sie traf. »Es wird nicht gut gehen«, sagte sie. »Das ist keine Fata Morgana. Helft Sarale, seht ihr nicht, was passiert?!«

Und zu mir sagte sie: »Was für ein Durcheinander! Der Polizist wird Arzt, der Arzt Polizist, und ich, so sagen sie, brauche eine Medizin.«

Alle nahmen an, dass Helena einfach verrückt geworden sei, genau wie Sarale.

Am Tag, als Eichmann zum Erhängen geführt wurde, sprang Sarale in den Tod.

In der Nachbarschaft mischten sich wieder Freude, Schmerz und Schuldgefühle. Alle kamen zur Beerdigung.

In jener Nacht wurde Eichmanns Asche über dem Meer verstreut.

An jenem Tag wurde Sarale beigesetzt.

Mit letzter Kraft wandte sich Helena vor der Beerdigung an die obersten Rabbiner und bat, die Zeugin der Anklage nicht, wie es das Gesetz verlangt, außerhalb des Friedhofszauns zu begraben. Sie versuchte zu erklären, dass dies ein besonderer Fall sei, man müsse die Begleitumstände berücksichtigen, und sowohl die religiöse als auch die bürgerliche Gerichtsbarkeit sollten Milde walten lassen und sich so verhalten, als habe Sarale nichts Unrechtes getan.

Sarale wurde außerhalb des Zauns begraben, wie es das Gesetz für Selbstmörder verlangte. Helena ging nicht zur Beerdigung.

Das Radio verstummte, das Leben ging weiter wie zuvor. Der Eichmann-Prozess und Sarale, die Verrückte, gehörten in unserem Viertel nicht mehr zur Tagesordnung.

November 1990.

Eine weiß gekleidete Schwester kam zu mir, legte mir sanft eine Hand auf die rechte Schulter und sagte: »Ich bin Sarale, die Nachtschwester. Ich möchte Ihnen etwas erzählen. Helena ist schon sehr verwirrt, das wissen Sie ja. In der letzten Zeit ruft sie mich oft, sie nimmt den Finger nicht von der Klingel, bis ich komme. Erst habe ich gedacht, sie möchte Wasser, oder etwas tut ihr weh, aber sie will nur, dass ich ihr zuhöre. Das sei das Allerwichtigste, sagt sie.

Und dann erzählt sie mir von einer Frau, die nur Fata Morgana genannt wurde und die wichtigste Zeugin der Anklage im Eichmann-Prozess war. Und obwohl man nicht bereit gewesen sei, ihre Aussage zu Protokoll zu nehmen, und obwohl man sie außerhalb des Zauns habe begraben wollen, sei sie trotzdem die wichtigste Zeugin der Anklage gewesen, denn nur aufgrund ihrer Aussage sei Eichmann verurteilt und aufgehängt worden. Wenn sie mir das erzählt hat, schläft Helena ohne Medikamente ein. Jeden Abend, wenn ich Dienst habe, ist es die einzige Art, wie sie einschläft, und das ist die Geschichte, die sie erzählt.«

Ein Einziger ist unser Gott

1960–1975.
Pessachzeit. Überall wurden die Vorhänge durch Teppiche ersetzt. An allen Wäscheleinen und über allen Zäunen des Viertels hingen Matratzen und Decken. Auf den Rasenflächen lagen Haushaltsgegenstände zur rituellen Reinigung. Der Duft der Orangenblüten mischte sich mit dem der Farbe von den Pinseln der Anstreicher, und die Luft im Viertel war erfüllt von dem Geruch nach Frühling, Waschseife, Spül- und Putzmitteln.

»So ist das, vor Pessach wird alles neu gemacht«, sagten jene, die ergeben die Last des Festes auf sich nahmen.

Andere beklagten sich über die Größe der Aufgabe: »Die Sklavenarbeit und die Plagen, das alles ist hier und heute.« Und jeder, als sei es eine Tradition, fragte seine Nachbarn: »Wo feiert ihr dieses Jahr den Seder?« Und alle kramten sofort irgendeinen Bruder oder irgendeine Schwester hervor, einen Onkel oder einen anderen Verwandten.

Wenn Helena gefragt wurde, ob auch sie irgendwo eingeladen sei, antwortete sie immer: »Den Seder mache ich hier und überall. Du kannst die Vorbereitungen mit eigenen Augen sehen.« Und der Frager verstand, dass Helena den Sederabend mit ihrer Familie feiern würde.

Der Sederabend. Helena richtete die Wohnung für das Ereignis her. Sie machte das Licht in den Zimmern aus, schloss die Fensterläden, machte das Treppenhauslicht über unserer Tür an und schloss uns ein; die Nachbarn sollten denken, wir seien schon weggegangen. Abends, wenn die Gäste der Nachbarn kamen, gingen dort überall die Lichter an, und in unser stockdunkles Zimmer brachen Lichtstrahlen aus den Zimmern der anderen. In Helenas Wohnung mischte sich ägyptische Finsternis mit dem geborgten Licht aus den Häusern der Nachbarn.

Sie hatte ihre klaren Regeln für das Essen. Sie füllte die Sederschüssel mit Mazzot, Eiern, Sellerie und allem, was die Haggada verlangt, aber wenn das Bitterkraut an der Reihe gewesen wäre, sagte sie: »Bitteres habe ich schon genug für sieben Generationen gegessen«, und jedes Jahr legte sie statt Bitterkraut ein Stück Kuchen in die Sederschüssel.

»Koscher für Pessach«, versicherte sie mir.

Damit alles seine gute Ordnung hätte, verkündete Helena im Voraus, dass wir nicht die Tür für den Propheten Elijahu öffnen würden.

»Wir wissen doch«, sagte sie zu mir und zu sich selbst, »dass er ohnehin nie kommt, und was den Afikoman betrifft, du bekommst doch sowieso ein Geschenk. Du musst nichts stehlen. Und selbst wenn du das wolltest, gäbe es niemanden, von dem du etwas stehlen könntest.« Jedes Jahr bekam ich ein Geschenk dafür, dass ich den Afikoman nicht heimlich wegnahm.

Dann kam die Haggada. Helena las die Haggada nach

ihrer eigenen Fassung, und die war jedes Jahr ein bisschen anders. Teile verschwanden, andere wurden betont, wie es die Umstände und die Bedingungen verlangten.

»Was unterscheidet diese Nacht von allen anderen Nächten«, fragte sie sich und antwortete, »alles, alles unterscheidet sie.«

Ihre Stimme erhob sich: »Die Ägypter aber misshandelten uns, und sie bedrückten uns ... und wir schrien ... Aus der Drangsal rief ich zum Herrn.« Helena weinte, denn in ihrer Haggada, anders als damals, in Ägypten, hörte der Herr nicht, und sie schaffte es kaum, die Geschichte vom Auszug aus Ägypten zu erzählen.

»Es ist meine Pflicht, dir, Elisabeth, vom Auszug aus Ägypten zu erzählen, damit du dich an jedem Tag deines Lebens erinnerst, wie ich aus Ägypten ausgezogen bin.«

Dann erzählte sie mir, dass dort, in dem fremden Land, in einer großen Stadt, ein anderer Sederabend stattfand. Am Kopf des Tisches saß ein geachteter und kluger Mann, der aussah wie Moses und so weise war wie Maimonides, ein Mann, der die Thora studiert hatte und alle Geheimnisse der Haggada kannte, und er hatte eine wunderschöne Frau und sieben Kinder.

Alle Kinder waren wohlgelungen, mit hellen Augen und hellen Haaren, groß und schlank, sie sahen aus wie Gojim. Jeder Einzelne hätte Dichter werden können, Wissenschaftler, Forscher. »Jeder Einzelne hätte etwas Großes werden können, verstehst du?«, fragte sie in einem Ton, als sei das eine der vier Fragen aus der Haggada.

Und dann, mit geschlossenen Augen, sah sie, wie ich erraten konnte, viele Bilder vor sich. »Da ist Pepa«, sagte sie, »Pepa, die Ärztin, und da ist Mendel, Mendel, der Pilot; und hier ist Sarale, die so schön ist, und Frieda, die beste Lehrerin.« Plötzlich sah sie erschrocken aus, und obwohl ihre Augen noch geschlossen waren, sagte sie: »Ich kann sie nicht mehr sehen, ich erinnere mich schon nicht mehr! Warum sind sie nicht gewachsen? Warum sehen sie nach so vielen Jahren nicht anders aus?«

Als sie die Augen wieder aufmachte, erzählte sie weiter, wie weggeschwemmt von einem Strudel der Sehnsucht: »Der Vater, der so war wie Moses, so wie Maimonides, war ein besonderer Mann. Er machte nie einen Unterschied zwischen einem Tumben und einem Einfältigen, zwischen einem Bösen und einem Klugen, er liebte die Menschen mehr, als Gott es tat …« Und dann wiederholte und betonte sie: »… mehr, als Gott es tat, er liebte alle.«

Und für jeden von dort hatte Helena hier einen Stuhl hingestellt sowie Teller, Messer, Gabel, Serviette und ein Seelenlicht.

Sie entschuldigte sich: »Man sagt, es sei eine gute Tat, jedem Hungrigen eine Mahlzeit zu geben, vielleicht kommt ja jemand. Der Stuhl, der Teller, die Serviette … ich weiß, das ist nicht da wegen der Realität, nur wegen der Möglichkeit.« Sie seufzte und überließ sich dem Schmerz, in dem noch eine Öffnung für Hoffnung war. So ging es, bis in die Nacht hinein, »und du sollst deiner Tochter an diesem Tag erzählen«, an diesem Tag, zwischen Traum, Albtraum und Realität, zwischen den Schatten der Seelenlichter und den Lichtstrahlen aus den Häusern der Nachbarn. Und jedes

Jahr, wenn sie an das bekannte Sederlied »Ein Einziger ist unser Gott« kam, seufzte sie und fragte immer wieder, wie ein Refrain: »Warum nicht zwei, warum nicht zwei?« Und dann erklärte sie, was ihre Frage bedeutete: »Denn der, den wir haben, hat sich geirrt, und es gab keinen andern, der den Fehler korrigierte.« Und voller Schmerz fügte sie hinzu: »Schade, schade, nur einer und nicht mehr.«

Dann machte sie das Licht an, und der Sederabend war zu Ende.

Am nächsten Tag erzählte sie allen, was für einen wunderbaren Sederabend sie gefeiert habe und wie interessant es gewesen sei, die ganze Familie zu treffen.

1980–1990.

Jahre danach antwortete sie auf jede Einladung: »Danke, Elisabeth, ich würde gern kommen. Aber du weißt doch, dass ich schon eingeladen bin, ich habe Verpflichtungen und kann nicht.«

Weil ich es wusste, kam ich zu ihr.

Und wie immer brannte das Licht draußen, wie immer war es dunkel drinnen, und niemand öffnete die Tür.

Freiheit

In den ersten Tagen der vierten Klasse verwandelte ich den Esstisch in der Küche in einen Maltisch. Statt Geschirr und Besteck lagen darauf nun Stifte, Gouachefarben in kleinen Tiegeln, Pinsel, Radiergummis, Pastellkreiden und Papier. Helena betrachtete meine Vorbereitungen und wollte wissen, was dieser Umsturz zu bedeuten habe.

»Hausaufgaben für Viareggio, den neuen Kunstlehrer«, antwortete ich, während ich malte.

Helena betrachtete besorgt die Porträts, die ich zeichnete. »Schämst du dich nicht?«, fragte sie. »Hast du schon mal solche Menschen gesehen?« Und ohne auf eine Antwort zu warten, entschied sie: »Gut, eine Malerin bist du nicht.« Wie immer, wenn sie einen Mangel an Talent bei mir entdeckte, tat sie alles, um diese Schande zu verbergen. »Die Bilder für Virginio – das übernehme ich.«

»Viareggio«, korrigierte ich.

»Viareggio, Virginio, das ist doch egal, mit einem solchen Namen darf man nicht Lehrer werden«, stellte sie fest.

Ich hatte keine Wahl, ich musste ihren Vorschlag annehmen, und so kam es, dass Helena von der vierten bis zur achten Klasse einmal in der Woche meine Hausaufgaben für den Kunstunterricht machte. Und an anderen Tagen malte sie unsere Wände an, bemalte Schränke und Regale und ergänzte die Bilder an den Wänden mit Farben und Formen.

Schon in der vierten Klasse wurde ich die »Malerin des Viertels«. Helena zeichnete sich durch die Zusammenstellungen der Farben und durch die Perspektive aus, durch ihre Fertigkeit, Häuser, Bäume und Porträts zu malen. »Eine vollkommene Einheit von Technik und Empfindung«, schrieb Viareggio in mein Zeugnis. Er versuchte nie herauszufinden, woher diese Begabung kam, er betrachtete meine zu Hause gemalten Bilder nur lange, betrachtete sie und schwieg.

In den höheren Klassen stellte Viareggio uns kompliziertere Aufgaben. Helena achtete weiter auf die Qualität der Technik, der Farben und der Formgebung. Trotzdem entstand manchmal ein Problem.

Als wir den Auftrag hatten, eine »königliche Mahlzeit« zu malen, entschied sich Helena dafür, einen prachtvollen königlichen Tisch zu malen und darauf Gemüseschalen, eine verschimmelte Scheibe Brot, eine Suppenschüssel mit trübem Wasser. Es war das erste Mal, dass ich sah, wie Viareggio erschauernd neben mir stehen blieb, er zitterte, bekam eine Gänsehaut, mit trockenen Lippen starrte er das Bild an.

»Kein Essen, keine Mahlzeit«, sagte er erregt. »Aber die Technik ist gut.« Er notierte ein »Sehr gut«, und bis zum Ende des Unterrichts schaute er mir immer wieder in die Augen, und ich wich seinem Blick verlegen aus.

Ab diesem Zeitpunkt fragte Viareggio jedes Mal, wenn er

mich traf, wie es mir gehe, und sein Blick begleitete mich im Unterricht und in den Pausen, liebevoll und vor allem besorgt.

In einer Stunde erzählte Viareggio von den Pionieren, die durch ihre Arbeit die Wüste zum Blühen gebracht hatten, und forderte uns auf, ein Bild über »Landarbeit« zu malen. Bei allen Schülern der Klasse pflanzten Pioniere alle möglichen Früchte und Blumen, während bei Helena die Erde kahl war, kalt und verschneit, bei ihr blühten nur Namen, wuchsen Grabsteine und Gräber.

Ich zögerte, das Bild mit in die Schule zu nehmen, aber Helena sagte entschieden: »Auch das ist Landarbeit.« Ich fügte mich, weil mir nichts anderes übrig blieb. Mir war bewusst, dass alles, was ich tun könnte, meinem Zeugnis schaden würde, aber noch schlimmer war die Angst, dass unsere Lüge, ihre und meine, ans Licht kommen könnte.

Viareggio warf einen Blick auf das Bild, schrieb ein »Ausgezeichnet« darunter und schaute mir, wie üblich, für den Rest der Stunde in die Augen.

»Wird es dunkel ganz und gar, werden Viareggio und Elisabeth ein Paar«, sangen meine Mitschüler, denen seine Blicke und meine Verwirrung natürlich nicht entgingen, und in den Pausen schmückten sie die Tafel mit von Pfeilen durchbohrten Herzen. Im Unterricht senkte ich die Augen, in der Pause weinte ich, zu Hause erzählte ich kein Wort.

Helena fuhr fort, ihre weißen Nächte mit Farben anzumalen.

In der letzten Zeichenstunde vor den großen Ferien wurden wir aufgefordert, das Thema »Freiheit« zu malen.

Helena zeichnete auf die Rückseite eines großen Kartons mit Kohle Stacheldraht, Wachttürme und einen Vogel mit einem verletzten Flügel, der versuchte, sich von der verschneiten Weite hinauf in den grauen Himmel zu erheben, auf dem in vielen Sprachen das Wort »Freiheit« stand.

»Dieses Bild nehme ich nicht mit!«, schrie ich, so laut ich konnte.

»Du machst einen Fehler«, antwortete Helena gelassen. »Es ist das beste Bild, es ist ausgezeichnet.«

Ich hörte nicht hin. Ich ließ das Bild zu Hause und lief wütend zur Schule, nicht ohne sie angeschrien zu haben: »Es ist mir egal, wenn er mir ein Ungenügend gibt!«

»Deine Mutter hat gesagt, dass du dein Bild zu Hause vergessen hast, sie hat mich darum gebeten, es dir vor dem Unterricht zu geben«, sagte die Schulsekretärin, die gleich nach dem Klingeln das Klassenzimmer betrat, zusammen mit Viareggio. Sie legte das Bild auf meinen Tisch.

Viareggio kam und betrachtete es. Er warf nur einen kurzen Blick darauf und machte sofort die Augen zu, nahm meine Hand und beugte sich wie schützend über mich. Ich erstarrte auf meinem Platz und hatte das Gefühl zu versteinern. Er schrieb keine Note darunter, sondern wandte sich dem Schüler neben mir zu. Den Rest der Stunde schaute er mich nicht an.

Als es klingelte, kam er zu mir und bat mich ehrfürchtig, ihm das Bild zum Aufbewahren zu überlassen.

»Das ist besser als ausgezeichnet«, sagte er. »Das ist das

Beste, was es gibt«, und Tränen liefen ihm aus den Augen. Bei der Abschlussfeier nach der achten Klasse trat er zu mir und bat mich, danach zu ihm zu kommen. »Nur für ein kurzes Gespräch«, sagte er und strich mir über den Kopf, »ich warte im Lehrerzimmer auf dich.« Aus lauter Verlegenheit, Angst und Scham flüchtete ich gleich am Anfang der Feier.

Später sagte man mir, er habe im Lehrerzimmer auf mich gewartet, bis der Hausmeister das Schulgebäude abschließen wollte.

Ich sah Viareggio nie wieder, und Helena fuhr fort zu malen, doch nur noch auf die Bilder an unseren Wänden und manchmal auch auf Fotos im Album. Im Viertel aber sprach man weiterhin über Elisabeth, die großartige Malerin, und über diesen seltsamen Lehrer, der sich in sie verliebte.

Mai 1992.
In einem Restaurant am Strand, an einem Sommerabend, trat ein Mann an meinen Tisch. Er stellte sich als Motti Waldritz vor. »Du bist Elisabeth«, sagte er, und bevor ich etwas antworten konnte, fügte er hinzu: »Ich bin der Sohn von Rivka, aus dem Viertel.«

»Und ich bin Aviva, seine Frau«, sagte die schöne Frau, die neben ihm stand, mit einem freundlichen Lächeln. Motti sagte: »Aviva ist Malerin. Und was ist mit dir? Du hast doch immer so gut gemalt. Malst du jetzt auch noch?« Und zu seiner Frau sagte er, ich sei die »Malerin des Viertels« gewesen.

»Ich habe euren großartigen Kunstlehrer gekannt, Gabriele Viareggio, er ruhe in Frieden«, sagte Aviva gerührt. »Ich habe jahrelang bei ihm Malen gelernt. Ihr habt gar nicht gewusst«, sie warf uns einen anklagenden Blick zu, »dass Viareggio aus einer berühmten italienischen Familie stammte, einer Familie von Kunstsammlern und Künstlern, die der Shoah zum Opfer gefallen sind. Er selbst war Fachmann für Restaurierungen, und das hat ihm das Leben gerettet.« Sie erzählte weiter, wie er die Kriegszeit damit verbracht hatte, alte Wandbilder in Klöstern und Kirchen zu restaurieren, wo er das Blau in den Augen von Engeln vertiefte, das Rot auf Marias Wangen erneuerte und dem verblassten Heiligenschein um den Kopf des Gekreuzigten wieder Glanz verlieh. Niemand kam auf die Idee, dass dieser Restaurationskünstler Jude sein könnte.

»Meine Mutter war auch Restauratorin«, sagte ich und lachte, und dann erzählte ich ihr, wie sie die Bilder an unseren Wänden aufzufrischen pflegte. Dann wollte ich wissen, ob Viareggio auch in Israel weitergemalt habe.

»Nein«, antwortete Aviva. »Eigentlich war er Kunstsammler. Um seinen Lebensunterhalt zu bestreiten, gab er Kunstunterricht, aber den Großteil seiner Zeit widmete er seiner Sammlung und der Entdeckung neuer Künstler.« Sie lächelte ihren Mann an.

»Ein Sammler!« Motti lachte. »Elisabeth, alles, was er gesammelt hat, waren unsere Bilder. Aviva hat in seiner Sammlung ein Bild von mir gefunden, aus der siebten Klasse, stell dir vor, sogar die Note, die er mir gegeben hat, stand noch drauf.«

»Euer Viertel war eben voller Talente«, stellte Aviva fest. »Einmal hat er mir während einer Unterrichtsstunde eine große Mappe gezeigt, in der er die Bilder seiner Schüler aufgehoben hat. Darunter war auch ein Bild von Motti. Aber die Wahrheit ist, dass ich mich aus dieser Mappe vor allem an ein Bild erinnere – eines, das ich nie im Leben vergessen werde. Darauf war ein Vogel, der versucht, von einer verschneiten Fläche mit Stacheldraht und Wachttürmen hinauf in den Himmel zu fliegen, auf dem in vielen Sprachen das Wort ›Freiheit‹ steht. Viareggio erzählte mir, seiner Meinung nach sei dieses Bild nicht von seiner Schülerin gemalt worden, sondern von ihrer Mutter, einer Überlebenden der Shoah aus eurem Viertel. Eine Frau, die er immer treffen und umarmen wollte, aber er habe die Idee aufgegeben, denn ihre Tochter – und das betonte er – schämte sich schrecklich für ihre Mutter.«

Selektion

Meine Bat-Mizwa-Feier war zu Ende.

Helena setzte sich auf den hölzernen Schaukelstuhl in meinem Zimmer. Er stand vor dem Fenster, das hinausging auf das Gartenstück.

»Alle Geschenke hierher«, befahl sie laut und deutete auf den Boden neben dem Schaukelstuhl. Sie riss das Einwickelpapier auf, öffnete ein Geschenk nach dem anderen und kontrollierte den Inhalt. Ausnahmslos jedes Geschenk wurde geprüft. Helena drehte es in den Händen und hob es an die Augen, als dürfe sie sich bei der Überprüfung nicht die geringste Nachlässigkeit erlauben.

»Man muss sortieren, man muss sortieren«, sagte sie dabei. Und plötzlich, ohne Vorankündigung, wurden ihre Lippen trocken, ihr rechtes Auge schloss sich, während das linke weit aufgerissen wurde, sie konzentrierte den Blick, ihre Hand zitterte ein wenig und streckte sich dann, als bereite sie sich auf ihre Aufgabe vor: Das betreffende Geschenk wurde durch die Luft geschleudert und flog durch das Fenster hinaus. Von draußen war das Geräusch zerbrechender Gegenstände zu hören und von der gegenüberliegenden Straßenseite das Klappen von Fensterläden, einer rechts und einer links wurden aufgestoßen und schlugen wie Paukenschläge an die Hauswand. Durch mein weit offenes Zimmerfenster konnte ich sehen, wie blass das Licht der Straßenlaternen gegen das Funkeln in den Augen der Nachbarn war, die diese Szene beobachteten und belauschten.

Im Zimmer bestand Helena weiter darauf: »Das hierhin, das dorthin, das hierhin, das dorthin.« Und entschuldigend sagte sie immer wieder: »Ich muss sortieren, die Geschenke können nicht alle im Haus bleiben.« Sie schaute mich an. »Du brauchst nicht traurig zu sein. Ich habe dir schon lange das Geschenk gekauft, das du dir wünschst. Es liegt im Schrank, im untersten Fach rechts.« Im Schrank erwarteten mich, gut verpackt, ein Tonbandgerät und ein Fotoapparat.

Das Gartenstück unter unserem Fenster füllte sich weiter mit Dingen an, die es noch nie gesehen hatte: Spiele, Elektrogeräte, Schmuck und anderes mehr.

Am nächsten Morgen hatte sich der Hof verwandelt. Viele Kinder kamen zum Spielen, sie sammelten Teile und wollten das Puzzle zusammensetzen. Die Erwachsenen schauten zu, die meisten schwiegen.

Guta, die Frau des Rabbiners, fragte: »Warum? Was ist passiert, dass Helena Geschenke in den Hof geworfen hat, die Elisabeth zur Bat-Mizwa bekommen hat?«

Und ihr Mann, der Rabbiner, wurde böse und sagte in anklagendem Ton: »Mit welchem Recht hat sie entschieden, das dahin, das dorthin, und eine Selektion durchgeführt? Die Geschenke waren schließlich nicht für sie bestimmt.«

»Vielleicht hat sie gedacht, die Geschenke seien zu einfach?«, schlug Fruma, die Kindergärtnerin, vor, in dem Versuch, etwas zur Aufklärung beizutragen.

»Vielleicht hat sie Geschenke von Leuten weggeworfen, die sie nicht mag«, überlegte Kalman, der Milchmann, und stellte eine Flasche Milch unentgeltlich vor die Tür. »Ein Geschenk für Elisabeth«, schrieb er darauf und wünschte Helena, sie möge eine starke und gesunde Tochter haben.

Dann kamen Gerüchte auf, Helena sei verrückt geworden, aber nie fand sich eine klare Antwort darauf, warum sie sich so verhalten hatte.

Ein Junge, den wir nicht kannten, der am Rand des Viertels wohnte, kam jeden Tag zu einem festen Zeitpunkt in unseren Hof. In der abgewetzten Tasche, die er immer bei sich hatte, befanden sich linierte Hefte mit durchsichtigem Einband, ein Federmäppchen mit einem senffarbenen Stift, ein grüner Radiergummi und ein roter Spitzer. Er hockte sich zwischen den Sauerklee und die Brennnesseln, hob Sachen hoch und trug etwas in Listen ein. Tag für Tag saß er stundenlang da, suchte Sachen zusammen und grub sich immer tiefer ein.

Eines Tages klopfte er an die Tür und fragte, ob er Helena den detaillierten Bericht geben dürfe, den er ganz allein geschrieben habe. Der Bericht umfasste zwei Paragrafen.

Der erste enthielt eine Aufstellung aller Gegenstände im Hof, darunter ein Fotoapparat, ein Radio, eine Uhr, eine Handtasche und so weiter und so weiter.

Beim zweiten Paragrafen ging es um die Schlussfolgerung. »Folgender Schluss lässt sich ziehen«, schrieb er. »Es lässt sich kein Befund feststellen. Es gab Gegenstände der verschiedensten Art und Beschaffenheit.«

Als Anmerkung hatte er mit großer, ungelenker Schrift angefügt: »Die einzige Gemeinsamkeit, die ich festgestellt habe, war, dass auf allen Gegenständen stand: ›Made in Germany‹. Vielleicht wollte Helena nur nicht, dass Gegenstände aus einem fremden Land in ihrer Wohnung sind.« Unterschrieben: »Josef Rafael«.

Helena umarmte den Jungen und fragte: »Was willst du werden, wenn du mal groß bist?«

»Archäologe«, antwortete er.

»Du wirst bestimmt einmal berühmt«, sagte sie. »Du bist ein gescheiter und neugieriger Junge. Wenn du Archäologe wirst, bin ich sicher, dass du viele Rätsel lösen kannst, die tief in der Erde verborgen sind.«

Er lächelte und ging. Seine Aufgabe war beendet. Josef Rafael wurde in unserem Hof nicht mehr gesehen.

6. Oktober 1973.
Josef Rafael wurde auf den Golanhöhen getötet.

Helena ging jedes Jahr zu seinem Grab, bis zu ihrem Tod, und immer hatte sie einen Strauß wilder Blumen aus dem Garten in der Hand.

»To ja«*

Mai – Juni 1967.
»Das Radio soll die ganze Zeit an sein, vielleicht wird ja etwas Wichtiges durchgegeben«, verlangte Helena in den Tagen vor dem Krieg.

Wenn die Nachrichtensprecher verstummten und die Zuhörer schliefen und die Sendezeit zu Ende war, schwieg Helenas Radio, war aber nicht ausgeschaltet. Eine Woche vor Kriegsausbruch sagte sie zu mir, in solchen Situationen sei die Schule überflüssig, es sei ratsamer, zu Hause zu bleiben.

Mein Lehrer bekam einen Brief: »Ich möchte meine Tochter entschuldigen, sie ist krank.« An diesem Tag verkündete Helena den Notstand und die Kampfwarnung, und sie begann, sich an zwei Fronten für den Sieg vorzubereiten: an der Vorratsfront und an der Grabenfront.

Was die Lebensmittel betraf, entschied sie, dass man sich nicht auf den Lebensmittelhändler der Nachbarschaft verlassen dürfe, und entwickelte daher eine Vorratsstrategie. Sie nahm es auf sich, alle Geschäfte der weiteren Umgebung zu besuchen. Früh am Morgen, wenn noch kein Mensch zu sehen war, verließ sie das Haus und lief in die

* Poln.: Das bin ich.

benachbarten Wohnviertel. Sie stellte sich dort als neue Bewohnerin vor, die gerade umgezogen sei; ihre neue Wohnung befinde sich, nebenbei gesagt, direkt neben dem Lebensmittelladen. Und nachdem sie die nach ihrer Meinung notwendige Menge an Lebensmitteln gehamstert hatte, schloss sie sich der Schlange an, die vor unserem eigenen Lebensmittelladen wartete.

»Vorbereitungen auf den Krieg«, hieß es im Radio, und in unserem Viertel bereitete man sich auf Hunger vor und hamsterte die notwendige Munition, um diesen Kampf zu gewinnen.

Die ganze Nachbarschaft wurde mobilisiert. Jeder Junge und jedes Mädchen wurde vom Hauptquartier der besorgten Eltern als Brotkundschafter rekrutiert und mit einer Plastiktasche oder einem Korb bei der Brotpatrouille eingesetzt.

»Das ist die Einheit Hungertrauma«, sagte Helena zu Passanten, die nicht in unserem Viertel wohnten. Wenn jemand Interesse an dem Phänomen zeigte und mehr erfahren wollte, fügte sie hinzu: »Das ist etwas, was ihr nicht versteht.« Doch weiter erklärte sie den Erstaunten nichts.

Um den Kampf zu gewinnen, erstellte sie eine Liste von Lebensmitteln-um-nicht-zu-sterben, und diese Liste enthielt: Brot, Mehl und Zucker. Auf einer anderen, der Liste von Lebensmitteln-um-zu-leben, notierte sie: Butter, Käse, Batterien für Taschenlampen und Transistorradios, Marmelade oder Halva; aber nicht, bevor wir Salzheringe, Schokolade, Konserven, Kartoffeln, Toilettenpapier und Getränke gekauft hätten.

Im Lebensmittelladen wurden vor den Regalen mit Mehl und Brot, vor den Eierkartons und dem Fass mit Salzheringen harte Kämpfe ausgefochten; explosive Geräusche von Milchflaschen waren zu hören, die gegen Ölflaschen stießen und mit Limonadeflaschen kollidierten und das Pergamentpapier und die braunen Papiertüten dazu brachten, zu rascheln und zu zerknittern und die Geheimnisse preiszugeben, die die vollgeladenen Körbe zu verbergen suchten.

Nachts war der Kampfschauplatz geschlossen.

Die Kommandeure der Brotpatrouille, zu denen Helena gehörte, verließen das Feld nie. Überwachungstrupps und Spionagepatrouillen standen Wache, und jeder Einzelne träumte davon, bei der Erstürmung des Lebensmittelladens der Erste zu sein, ein Held wie der biblische Nachschon, Sohn von Aminadab.

Und zu Hause häuften sich die Lebensmittel, quollen über die Grenzen der Küche hinaus. Helena machte mich zur Lebensmittel-Unteroffizierin. Ich musste alles Mögliche organisieren und schriftlich und mündlich über meine Fortschritte rapportieren, die Kommode im Wohnzimmer füllte sich mit Konservendosen, die Bücher in den Regalen machten Mehl, Zucker und Kaffee Platz, und in den Schränken verstaute ich ordentlich Säcke mit Kartoffeln, Kartons mit Getränkeflaschen und Süßigkeiten.

Helena glaubte fest daran, dass es Situationen im Leben gibt, in denen Mehl und Brot die Bibel ersetzen.

Und zwischen den Besorgungen gab es eine zweite Front.

Auf Befehl ihres Gewissens meldete sich Helena beim zivilen Luftschutz, und alle Erklärungen, dass man eigentlich vom Militär einberufen wurde, nützten nichts. In meiner Pfadfinderuniform und mit einer Armeeausrüstung eines Nachbarn, der in der britischen Armee gedient hatte, beharrte Helena darauf, sich den Truppen im Hinterland anzuschließen, um die Regeln und Vorschriften zu lernen und Verantwortung für ihre persönliche Sicherheit zu übernehmen. Sie spezialisierte sich, wie sie sagte, in der »Schützengrabenverordnung«, zusammen mit anderen Freiwilligen des Luftschutzes aus der Nachbarschaft.

»Das Loch in der Erde«, erklärte sie, »muss so oder so tief und so oder so breit sein, und es ist ratsam, dass sich in jedem Graben eine Erste-Hilfe-Ausrüstung und viel, viel Essen befindet.«

Helena war eine gleichwertige Soldatin unter anderen Soldaten. Sie schleppte unermüdlich Säcke, Pickel und Hacken, sie grub Löcher und häufte Erdwälle um die Gräben. »Bei Erdarbeiten bin ich wirklich gut«, stellte sie fest.

Zwischen den Vorbereitungen und der allgemeinen Unruhe erklang die Sirene.

Der Krieg begann.

Helena schaute auf die Erde. Ihre Hände hoben sich vor das Gesicht, und ein Aufschrei mischte sich in das Heulen der Sirene: »Krzysztof soll sehen, dass wir es können, Krzysztof soll sehen, dass wir es schaffen!«

Das Echo ihres Schreis und ihre Tränen sickerten in die Erde, und auf ihrem Gesicht waren Kratzer zu sehen, die sie sich in diesen wenigen Sekunden mit ihren Fingernägeln beigebracht hatte. In Helenas Hof sammelten sich erschrockene Nachbarn und fanden Trost in dem Graben, den sie rechtzeitig vor dem Krieg vorbereitet hatte. Der Graben war geräumig, und der Geruch des Essens mischte sich mit dem der feuchten Erde. Es war ein wunderbarer Graben, mit einer abwechslungsreichen und gesunden Speisekarte, der Sicherheit und Bequemlichkeit bot.

Helena ging nicht in den Graben.

Nach jedem nächtlichen Sirenengeheul hörte man ihre Stimme in allen Gräben und Straßen des Viertels: »Macht das Licht aus! Schließt die Fensterläden!«

Bei anderen Patrouillen befahl sie: »Kauft schwarzes Papier und beklebt die Fenster!« Und fügte die Warnung hinzu: »Sonst helft ihr dem Feind und hindert die Armee daran zu funktionieren.«

»Sie funktioniert großartig«, sagte man beim Hauptquartier des Zivilschutzes. »Sie ist eine Kriegsexpertin.«

»Nur während der Sirenen, für ein oder zwei Minuten«, sagten sie, »ist es, als ob sie in einem anderen Krieg wäre, und sie schreit: ›Krzysztof soll sehen! Krzysztof soll hören!‹«

Und mit jedem Schrei zog sich ein weiterer Kratzer über ihr Gesicht, wie ein weiteres Ziel auf der Karte des Krieges.

Nach sechs Tagen war der Krieg zu Ende, und die Menge des übrig gebliebenen Essens bezeugte die Großartigkeit des Sieges.

August 1990.
Auf dem Bücherregal fand ich, in einem braunen Umschlag, ein Album, ein Siegesalbum. Auf der letzten Seite traf mein Blick auf ein Foto, wie man es in keinem anderen Kriegsalbum findet. Auf dem Bild, das als Anhang innen auf

die Einbandrückseite geklebt war, sah man, vor dem Hintergrund der israelischen Flagge und eines von Sandsäcken umgebenen Grabens, eine Handvoll Luftschutzsoldaten, die eine lächelnde Helena umringten.

Mit einem spitzen Füllfederhalter war ein Pfeil in das Bild geritzt, er deutete auf Helenas breites Lächeln, am anderen Ende standen zwei Worte auf polnisch: »To ja.«

Der braune Umschlag, der das Album enthielt, war adressiert an:

Vorname: Krzysztof; Familienname: Posziontig

Straße: Kalwaryjska 10

Stadt: Krakau

Land: Polen

von:

Vorname: Helena; Familienname: Volk-der-Feiglinge

Straße: Straße des Sieges, Ecke Straße des Heldentums

Stadt: Tel Aviv

Land: Israel.

Und in der Ecke, fast am Rand des Umschlags, in blasslila Tinte, als versuche die Schrift zu verschwinden, sich zu verbergen, damit sie keiner lesen könne, stand:

»Zurück zum Absender. Empfänger nicht auffindbar.« Gezeichnet: »Post Israels. Juni 1967.«

Zettel

Juni 1967.
»Das ist der Tag, auf den wir gehofft haben, lasst uns froh und glücklich sein!«, rief General Goren und blies ins Schofar. (*Ma'ariv*, 7. Juni 1967.)

Juli 1967.
Am ersten Tag der großen Ferien, zwischen der achten und der neunten Klasse, verkündete mir Helena: »Wir werden Mutter Rachel und Vater Abraham besuchen, mögen sie in Frieden ruhen, und vielleicht noch ein paar andere Onkel und Tanten.« Und sie fügte hinzu: »Oberstleutnant Gideon, Ittas Sohn, hat uns nach Bethlehem, Hebron und in die Altstadt von Jerusalem eingeladen.«

Für die Reise zog Helena ein blaues Kostüm an, eine festliche Diolenbluse und ein weißes Seidentuch. »Du wirst dich auch in den Farben unserer Fahne kleiden«, sagte sie und legte mir den blauen Dralonrock und eine weiße Bluse auf den Bettrand, die Bluse, die ich unter großen Qualen im Handarbeitsunterricht bestickt hatte, mit Kreuzstichen in meer- und himmelblauen Tönen.

An einem sehr heißen Tag fuhren wir mit dem Autobus nach Jerusalem. Als wir an unserem Treffpunkt ankamen, erkannte Helena Gideon, der dort in seiner Armeeuniform stand, etwas gebeugt vom Gewicht eines über seiner Schulter hängenden Gewehrs.

»Kommt in den Jeep, Mädchen«, sagte er, lächelte freundlich und stellte uns Schalom vor: »Das ist mein Fahrer«, sagte er und schlug ihm auf die Schulter. »Er glaubt an Wunder und an heilige Orte.«

Wir fuhren los.

Die Luft war erfüllt vom Zirpen der Armeesender, dem Geruch von Benzin, einem trockenen Wind und brennender Sonne. Militärfahrzeuge fuhren über Lehmstraßen, vorbei an eng zusammengedrängten Steinhäusern, unsere Route war voller Soldaten und Zivilisten, die hin und her liefen, wie von Nirgendwo nach Nirgendwo.

Unser erster Halt war bei der Höhle Machpela in Hebron.

Die Stufen hinunter zur Höhle waren voller Menschen, die schweigend in einer langen Schlange warteten, um die Gräber der Patriarchen zu besichtigen. »Für tote Leute warte ich nicht in einer Schlange«, verkündete Helena, und ihr Besuch begann und endete mit einem Blick vom Eingang aus. »Gott hat mir erlaubt, ein religiöses Gebot zu erfüllen«, sagte sie und lachte.

Schalom, der Fahrer, der begeistert versuchte, Helena bei der Erfüllung ihrer religiösen Gebote zu helfen, trat fest auf das Gaspedal und brauste eine mit Sand bestreute, glühend heiße Straße nach Bethlehem entlang. »Zum Grab Rachels, unserer Mutter!«, rief er laut, küsste seine Handfläche und hob sie in die Luft, als Dank, dass Gott ihm diese große Möglichkeit gab.

Als wir ankamen, schlug Gideon Helena und mir vor, wir sollten zum Grab gehen, während er fröhlich aus dem Jeep sprang und die Soldaten, die den Eingang bewachten, mit Schulterklopfen und Lachen begrüßte.

Der Geruch nach Moder stieg aus dem Bereich des Grabes. Der kalte graue Grabstein war von weinenden Frauen umgeben, die Seelenlichter in den Händen hielten. Auch Helena stellte ehrfürchtig ein Seelenlicht auf Rachels Grab. Dann nahm sie mich an die Hand und seufzte auf Jiddisch: »Mame, Mame.« Es war das erste Mal, dass ich Helena dieses Wort aussprechen hörte, und es war auch das erste Mal, dass sie mir erzählte: »Auch meine Mutter, deine Großmutter, hieß Rachel.« Und ihr weißes Seidentuch wurde zu einem Taschentuch, mit dem sie sich die Tränen abwischte.

»Auf, gehen wir!«, rief Schalom Gideon zu. »Komm schon, wir wollen weiter, deine zwei Gäste sind schon da.« Er deutete auf Gideon, der von seinen Freunden umringt war, und sagte: »Die da haben sich in den Krieg verliebt, seither kann man sie nicht mehr trennen.«

»Sie sind meine Soldaten«, sagte Gideon glücklich und stolz, als er zum Jeep zurückkam.

»Nette Jungs«, sagte Helena pflichtschuldig, dann schwieg sie. Nur als wir an einer Kirche vorbeifuhren, brach sie plötzlich ihr Schweigen. »Wenn es möglich ist«, sagte sie zögernd, »würde ich gern diese Kirche besichtigen.« Gideon senkte den Blick, er sah verlegen aus. Schalom war schockiert.

»Wie dort, wie dort«, sagte Helena, als sie in der Kirche stand, vor dem Kreuz und einem Gemälde. Sie setzte sich in eine der vorderen Bänke, vielleicht betete sie, vielleicht schaute sie auch nur vor sich hin. Wie entschuldigend sagte sie zu mir: »Auch den Gott der Christen darf man um Erbarmen bitten – unser Gott ist auf diesem Gebiet nicht besonders großartig.« Und sie bedankte sich bei Gideon.

»Wenn du willst, kannst du auch in Jericho die Moschee besuchen«, sagte er, noch immer verlegen.

Schalom nutzte die Gelegenheit, uns wieder auf den Weg zu bringen. »Gideons Soldaten«, sagte er tief befriedigt, »waren die Ersten in Jericho. Sie achten ihn dort sehr, er ist der Kommandant der Stadt.« Und wieder trat er fest aufs Gaspedal.

Als wir in die Stadt einfuhren und hohe Palmen vor uns auftauchten, begann Gideon, Jericho mit größter Begeisterung zu preisen, er beschrieb ausführlich die Höhe der Palmen und ihre Schönheit, den Zauber der engen Gassen und der kleinen Steinhäuser. Helena hörte nicht hin, und während Gideon sprach und der Jeep in die Stadt hineinfuhr, hielt sie meine Hand und sagte plötzlich: »Elisabeth, schau mal, Menschen ohne Schuhe, das ist ein Zeichen dafür, dass es hier Krieg gegeben hat.« Sie deutete auf Männer, Frauen und Kinder, die wie traumwandlerisch in den Gassen und zwischen den Häusern herumliefen, viele in Galabijas und mit Kefijes auf dem Kopf und alle barfüßig. Und Gideon schwieg.

Aus einer Gasse kam ein groß gewachsener, barfüßiger Junge und schob mit aller Kraft einen kleinen Jungen in unsere Richtung, der mit beiden Händen einen Karton mit benutzten Stiften, Postkarten, Zigaretten und Schlüsselanhängern trug. Mit einer Stimme, der noch der hohe Ton des Kindes anzuhören war, befahl er dem Kleinen: »Los, los, Geld, Lira, Lira.«

Und der Kleine begann zu rufen: »Nur eine Lira, nur eine Lira«, und allein das Zittern seiner Lippen und seiner Hände verriet, was er fühlte, als sich der Jeep näherte. Er kam auf uns zu. »Salam aleikum«, sagte er widerstrebend. Helena öffnete schnell ihr Portemonnaie, nahm alle Münzen heraus und drückte sie dem Jungen in die Hand. Von seinen Waren wollte sie nichts annehmen.

Der erstaunte Junge ging auf seinen nackten Füßen rückwärts und verschwand, als sei er von einem der Häuser aufgesaugt worden, und mit ihm verschwand auch der Große.

Helena rutschte unbehaglich auf ihrem Platz herum, ihre Augenlider blinzelten unentwegt, als versuche sie, die Tränen zurückzuhalten, und ihr verzerrtes Gesicht verriet einen unerträglichen Schmerz.

Gideon und Schalom bemerkten, dass Helena litt, sie versuchten, sie zu beruhigen. »Hast du Durst? Fühlst du dich schlecht? Willst du, dass wir woanders hinfahren?«, fragten sie besorgt. Sie schwieg. Gideon bat Schalom, schneller zu fahren und die kürzeste Route nach Jerusalem zu nehmen. Auf dem ganzen Weg sprach Helena hauptsächlich mit sich selbst. Für uns hörten sich ihre Sätze unklar an, verwirrt, und vor allem waren sie auf Deutsch.

Der erschrockene Schalom bat sofort Gott um Hilfe, und zu Gideon sagte er: »Auf den Besuch der Klagemauer darf man nicht verzichten. Dort wird sie beten, und du wirst sehen, dann ist alles wieder in Ordnung.«

Gideon nickte zustimmend.

Helena näherte sich der Klagemauer mit kleinen, unsicheren Schritten. Mit einer Hand drückte sie ein Heft mit einem festen Einband an sich, mit der zweiten umklammerte sie einen Stift. Vor der Klagemauer blieb sie stehen und schrieb mit unerwarteter Energie eine Seite voll. Gideon und Schalom hielten einen gewissen Abstand ein, sie verstanden, dass es sich um eine geheime und private Bitte Helenas handelte. Ich versuchte, einen Blick auf das Geschriebene zu werfen, aber sie verdeckte es mit ihrer Hand und ihrem Körper und warf mir einen abweisenden Blick zu. Ich hatte nur gesehen, dass sie in einer fremden Sprache schrieb, dass die Zeilen abgebrochen waren und die Buchstaben besonders groß.

Als sie fertig war, riss sie das Blatt vorsichtig aus dem Heft, rollte und faltete es ganz klein zusammen.

Sie trat zur Klagemauer, lief sichtlich unruhig hin und her, und ihre freie Hand strich weich über die Steine. Erst als ihre Finger eine passende Ritze im Mauerwerk fanden, stopfte sie den Zettel hinein.

Auf Gideons Rat nahmen wir für die Rückfahrt nach Tel Aviv ein Taxi.

Unterwegs hielt der Fahrer zweimal an. Helena erbrach sich.

»Gott soll uns helfen, dass wir bald ankommen, damit die Dame, Gott behüte, ja nicht stirbt«, murmelte er jedes Mal vor sich hin, wenn er im Rückspiegel sah, wie sich Helena auf dem Rucksitz vor Schmerzen krümmte.

Als wir zu Hause ankamen, stieg sie schwerfällig die Stufen hinauf. Ihr Gesicht war von zu viel Sonne und von der Körperwärme knallrot. In der Wohnung wartete bereits Itta auf uns, Gideons Mutter, mit einem Arzt, der eilig gerufen worden war, um sich um Helena zu kümmern.

Helena berichtete hastig, in flüssigem Deutsch, von den Ereignissen des Tages und von der Route, die wir gefahren waren. Der Arzt wandte sich an mich und erklärte, es würde eine Weile dauern, aber sie würde sich wieder beruhigen. Mit einem besorgten Gesicht sagte er: »Soweit ich deine Mutter verstanden habe, wart ihr heute auf einem Friedhof, und wenn man von einem Friedhof zurückkommt, ist es immer schwer, wegen der Erinnerungen.«

Eine Woche lang sprach Helena mal deutsch, mal hebräisch. Dann wurde sie wieder gesund, verabschiedete sich vom Deutschen und sprach nur noch hebräisch.

Danach erwähnte sie diese Reise nie mehr. Und sprach nie mehr deutsch.

August 1984.

»Einmal, vor vielen Jahren«, hörte ich Helena zu ihrer Enkelin, meiner kleinen Tochter, sagen, »habe ich einen Brief an Gott geschrieben. Ich habe ihm geschrieben, dass er eine wunderbare Welt erschaffen hat. Ich habe ihm zu dieser Idee gratuliert und ihn gebeten, auch noch Gesundheit, Liebe und Freude in die Welt zu bringen. Bei dieser Gelegenheit erklärte ich auch, dass es mir egal ist, wenn Neid, Hass und sogar Dummheit bleiben würden, aber ich verlangte von ihm, die Kriege, Soldaten und heiligen Orte abzuschaffen. Und das, mein liebes Kind«, betonte sie, »habe ich ihm in sehr großen Buchstaben geschrieben.«

Die Enkelin nuckelte an einem großen Schnuller und versuchte einzuschlafen.

»Weißt du«, erzählte Helena weiter, während sie das Baby zudeckte, »ich glaube, er hat meinen Brief nie gelesen.« Und leiser fügte sie hinzu: »Gott weiß, warum ich ihm nicht auf Hebräisch schreiben konnte, warum es nur auf Deutsch ging.« Dann beugte sie sich zu ihrer Enkelin, so dicht wie möglich. »Wenn du groß bist, wirst du verstehen, dass das ein Fehler war, denn Gott akzeptiert schon seit Jahren keine Bitten von Juden auf Deutsch ...« Sie schwieg ein paar Sekunden, dann flüsterte sie, wie zu sich selbst: »Eigentlich akzeptiert er auch keine Bitten von Juden auf Polnisch, Rumänisch, Ungarisch ...« Sie zählte nacheinander noch und noch Sprachen auf, bis ihre Enkelin eingeschlafen war.

Wie Lämmer zur Schlachtbank

Mai 1968.
Nach dem Sechstagekrieg verschwand der Sand, der unser Viertel von der Welt trennte. Planierraupen, Bagger und Bauunternehmer rissen Wege auf und errichteten Gebäude – neue Menschen kamen. Sie gingen in unsere Schulen und Kindergärten, zum Lebensmittelladen und zur Ambulanz der Krankenkasse. Sie waren anders. Sie trugen Schuhe, die Zehen und Zehennägel freiließen, kurze Hosen und Trägerhemden – keine langärmeligen Hemden und keine Krawatten, und auf dem Kopf trugen sie, ob Junge oder Mädchen, einen runden Stoffsonnenhut, bei ihnen sah man keine Locken und kein Spray im Haar, keine Kippot und keine runden Filzhüte. Ihre Sprache war mit arabischen Wörtern gespickt.

Sie hatten auch ungewohnte Namen wie Azma'ut, Cherut, Amikam, Uriel und Zuriel – Unabhängigkeit, Freiheit, Mein Volk erhebt sich, Gott ist mein Licht und Gott ist mein Felsen.

Sie hatten ihre Kriege und ihre Helden. Kein Schweigen, wie bei uns, sondern Geschichten: Vater, der Soldat, Vater, der Pilot, Großmutter, die Pionierin, Mutter, die Palmach-Kämpferin mit einem Sten-Gewehr in der Hand. Und alle hatten sie eine Vergangenheit, nicht irgendeine, sondern eine großartige. Und jeden Schabbat machten sie Ausflüge und kannten jeden Hügel und jede Erderhebung im Land.

In unserem Viertel wurden die Fremden mit grenzenloser Neugier betrachtet.

Helena sagte: »Jetzt gibt es in unserem Viertel zwei Viertel: Eines heißt Polen, und seine Polnischen leben in kleinen Häusern mit einem Gartenstück, im ersten oder im zweiten Stock, und sie sprechen hebräisch, nicht gut und nicht schlecht, und das andere nennt man Land Israel, und seine Palmach-Kämpfer wohnen in großen Häusern mit vielen Stockwerken und haben viele Freunde und sprechen halb hebräisch und halb arabisch.«

Eines Tages fand ich, wie Helena gehofft hatte, einen Freund aus dem Land Israel, er hieß Uriel Komem. In der Familie Komem gab es nur einen Feiertag, der von besonderer Bedeutung war – und das war nicht Pessach, nicht Purim und auch nicht Jom Kippur, es war der Unabhängigkeitstag, und der Vorabend wurde nach einer festgelegten Zeremonie begangen. Sie luden alle in ihren Garten ein, um patriotische Lieder zu singen. Auch ich wurde eingeladen. Als Helena davon hörte, bat sie Uriel, ebenfalls eingeladen zu werden. »Es ist besser«, unterstrich sie ihre Bitte, »wenn ich sie begleite.« Sie deutete auf mich. »Wenn es dunkel ist, geht sie nicht alleine irgendwohin oder nach Hause zurück. Und du bist ein guter Junge, du wirst deinen Eltern bei den Vorbereitungen helfen.«

Schließlich wurde auch die Vertreterin des Viertels zum abendlichen Singen eingeladen. Der Unabhängigkeitstag kam, und die Nachbarinnen fanden sich für dieses Ereignis zusammen.

Bevor sie eintrafen, hatte Helena schon einen Filzhut und eine Lacktasche auf das Sofa gelegt, zur Besichtigung. Jede Nachbarin, die zu uns kam, zeigte sich beeindruckt. Nur Itta wagte einzuwenden, wenn sie schon einen Hut aufsetzen wolle, dann sollte es einer von diesen runden Stoffsonnenhüten sein, auf keinen Fall ein Filzhut.

»So ein Hut ist nicht fein«, antwortete Helena mit einem Zwinkern. »Glaubst du etwa, ich wäre wie sie, von der Haganah oder vom Palmach?« Sie umarmte Itta und drückte sie fest an sich. Angelika kam, die Friseurin, und türmte Helenas Haare zu einer Hochfrisur, die sie mit Spray festigte. Die Schneiderin Gina traf ein, mit einem Kostüm, das sie genäht hatte, und einem Nähkästchen aus Holz, um an Ort und Stelle Änderungen auszuführen. Rivka, die Schuhverkäuferin, war auch aufgeboten worden, um zu helfen, sie lieh Helena ein Paar Schuhe mit hohen Absätzen. Helena war ordentlich ausgerüstet für den Abend: ein rotes Kostüm, ein schwarzer Hut, spitze Schuhe mit hohen Absätzen.

Um das Bild zu vervollkommnen, legte sie noch einen Strauß Rosen dazu, eingepackt in Zellophanpapier.

Am Abend des Festes, sie und ich, auf dem Rasen der Familie Komem. Um uns herum standen Leute mit wilden Mähnen, Sandalen an den Füßen, und alle trugen uniformähnliche Khakikleidung, egal ob Frauen oder Männer. In der Luft hing der Duft von Falafel, Chumus und Techina, und das Brot nannte man bei ihnen Pita.

Helena stand aufrecht auf dem Rasen, in ihrem roten Kostüm, mit rot geschminkten Lippen, mit rot lackierten Fingernägeln, mit Lackschuhen und mit einer Lacktasche und in den Händen einen in Zellophan gewickelten Rosenstrauß, von dem Bänder in Rot und Rosa flatterten.

Der Hausherr, ein muskulöser, freundlicher, braun gebrannter Mann, kam zu uns und stellte sich vor: »Ich bin Komem Schaltiel«, sagte er, warf mit einer Kopfbewegung seine Haare zurück und streckte die rechte Hand aus.

Helena sagte mit einer metallischen Stimme, die für einen Moment brach und zitterte: »Und mein Name in Israel ist Helena Wie-Lämmer-zur-Schlachtbank.« Sie streckte die Hand aus.

Komem Schaltiel runzelte die Stirn, zog die Augenbrauen hoch und fragte: »Was?«

Helena wiederholte, während sie ihm die Hand drückte: »Helena Wie-Lämmer-zur-Schlachtbank. Sie wissen doch.« Und noch einmal sagte sie, diesmal aber langsamer: »Helena Wie-Lämmer-zur-Schlachtbank.«

An diesem Abend ging ich mit Helena allein nach Hause.

Und Uriel Komem sah ich nicht wieder.

Jahre später.

Ein grauhaariger Mann sprach mich am Eingang der Universität von Tel Aviv an und fragte zögernd: »Elisabeth? Bist du es?«

»Ja«, antwortete ich.

Er sagte: »Ich heiße Komem, erinnerst du dich?«

Ich erinnerte mich.

»Was machst du?«, fragte ich.

»Ich bin an der Universität von San Diego, an der Fakultät für Geschichte.«

Er schluckte, dann fuhr er fort: »Ich bin dort Leiter des Forschungsinstituts zur Shoah.«

Ich schwieg.

Und er fügte hinzu: »Immer wenn ich gefragt werde, wie es kommt, dass ein in Israel Geborener wie ich sich mit der Shoah beschäftigt, sage ich zu meinen Studenten und überhaupt zu allen, dass wir nach dem Sechstagekrieg vom Luftwaffenstützpunkt in ein Stadtviertel gezogen sind. Dort entdeckte ich, dass es in Israel noch einen anderen Planeten gab und andere Soldaten in der Armee Gottes. Und es gab da eine seltsame Frau in einem roten Kleid, die die Weltgeschichte für mich von Grund auf verändert hat.« Er schwieg verlegen, dann sagte er: »Richte ihr Grüße aus und sag ihr, dass ich ihr danke.«

Purimspiel

Vor dem Einschlafen las Helena Märchen. *Aschenputtel, Schneewittchen, Hänsel und Gretel, Goldlöckchen und die drei Bären.* Als ich noch klein war, las sie mir die Märchen vor, als ich groß war, las sie sie für sich selbst. Jeden Abend ein Märchen, und wenn sie es zu Ende gelesen hatte, fing sie wieder von vorn an.

Am Abend von *Hänsel und Gretel* verstreute Helena in der ganzen Wohnung Schokolade, am Abend von *Aschenputtel* legte sie einen Kürbis auf den Küchentisch, am Abend von *Goldlöckchen* füllte sich der Kühlschrank mit Honig. Und dann fragte sie, wie Schmulik Rosen im Radio, als handle es sich um ein Rätsel: »Nun, welches Märchen hören wir heute?«

Sie las langsam und laut, als halte sie mithilfe der Märchen die anbrechende Dunkelheit fern, und wenn sie fertig war, war es Nacht. Helena erhellte den Weg durch die Zimmer der Wohnung. Mal waren es Glühbirnen, dann wieder die Flammen von Seelenlichtern. »Seelenlichter sind billiger als Strom«, erklärte sie mir einmal, als ich sie fragte. »Ich zünde sie an den Abenden an, wenn das Geld zu Ende ist.« Und dabei lief ihr eine Träne über die Wange, sie wischte sie mit dem Handrücken weg. Nachdem ihre Augen und ihre Hand wieder trocken waren, sagte sie »Gute Nacht« und ging in ihr Zimmer.

Auch als ich größer wurde, fuhr Helena fort, jeden Abend ein Märchen zu lesen. »Ich habe mich daran gewöhnt«, sagte sie entschuldigend, »sonst kann ich nicht einschlafen.« Und als ihr der Hausarzt vorschlug, Schlaftabletten zu nehmen, sagte sie: »Danke, das ist nicht nötig, ich habe eine Märchenlösung.«

An den Abenden, an denen die Märchen offenbar nicht genügend Wirkung hatten, wachte Helena mit einem Schrei auf, der anstieg und abfiel wie eine Sirene. Dann stand sie auf und lief durch die Zimmer, ohne Ruhe zu finden.

Und wenn ich fragte: »Was ist passiert?«, dann antwortete sie: »Ich habe von Hexen, Teufeln, Ungeheuern und bösen Menschen geträumt, von solchen, wie es sie im Märchen gibt.« Und sie fügte hinzu: »Und manchmal gibt es sie auch im richtigen Leben.«

Um die Angst zu vertreiben, las sie im Märchenbuch, bis der Schrecken abnahm und der Schlaf zurückkehrte.

Einmal im Jahr, an Purim, feierte Helena ein Märchenfest.

Lange vor diesem Tag nähte sie Kostüme und verfertigte für ihre Freunde aus den Märchen ein Leben. Einmal erweckte sie Dornröschen aus ihrem Schlaf, ein andermal brachte sie Schneewittchen zurück zu den Zwergen, wieder ein andermal krönte sie eine Prinzessin zur Königin. Ganz selten nur hauchte sie Königin Esther aus dem Purimspiel neues Leben ein, nie aber ließ sie einen Dämon, einen Teufel oder eine Hexe auferstehen.

Die Kostüme, die sie nähte, waren in der Nachbarschaft berühmt. Unter all den Hexen, den Soldaten, den Piraten und den Clowns liefen in unserem Viertel auch Kinder herum, die sich als Märchenfiguren verkleidet hatten. Und es war Helena, die ihre Kostüme entworfen hatte.

Nur an Purim, an einem einzigen Tag im Jahr, war Helena fröhlich, als habe sie persönlich den bösen Haman besiegt, der alle Juden vernichten wollte. Die Verkleidung, so meinte sie, enthüllt, wer gut und wer böse ist, und verbirgt nichts. Helena war überzeugt, dass die Menschen sich eigentlich das ganze Jahr über verkleideten und sich nur an Purim entblößten.

Helena erzählte ein Märchen, das anders war als die anderen, eines, das nicht im Buch stand. »Ein Märchen aus dem Leben«, sagte sie, und sie erzählte es nicht nur am Abend, sondern auch am Tag und überall. Und das ist die Geschichte, die sie erzählte:

»Die Welt war einmal in einer gefährlichen Situation – zwischen den Göttern und den Titanen war Krieg ausgebrochen. Die Titanen gewannen, und alle Götter waren gezwungen zu fliehen. Und einer der Götter – wenn ich mich recht erinnere, hieß er Pan – sprang ins Meer, sein Oberkörper verwandelte sich in eine Ziege und sein Unterkörper in einen Fisch. Zeus, der oberste Gott, kam im letzten Moment, schoss Blitze gegen die Titanen und besiegte sie. Dem Gott Pan, der sich verkleidet hatte, gab Zeus einen besonderen Preis für seine Improvisationskunst und Originalität.«

Das war die ganze Geschichte, es gab fast keine Handlung, und sie wusste sogar nicht einmal zu sagen, welchen Preis Zeus dem Pan verliehen hatte. »Es tut mir leid«, sagte sie immer, »ich kann mich schon seit Jahren nicht mehr erinnern.«

Manchmal, am Strand, angesichts der warmen Wellen, forderte sie die Kinder auf, sie sollten doch versuchen, den Ziegenkopf und den Fischleib zu entdecken, vielleicht gäbe es ja noch einen Abdruck auf dem Schaum oder in den Zacken der Felsen oder am Horizont, da, wo Wasser und Himmel zusammentreffen.

»Wenn ihr Pan trefft«, bat sie, »dann fragt ihn doch, welchen Preis er am Ende der Geschichte bekommen hat.«

Nach Helenas Tod traf ich im Lebensmittelladen Fruma, ihre Freundin, die Helena manchmal besucht und sich erkundigt hatte, wie es ihr gehe. Sie kam auf mich zu, um mir zu kondolieren und um mir »etwas Unbedeutendes« mitzuteilen.

»Viele Leute«, sagte sie, »fragen mich, wer Helena war, sie kannten sie nicht und haben sie nicht verstanden, sie kam ihnen seltsam vor. Und immer, wenn sie mich fragen, wer sie war und welche Geschichte sie hatte, erinnere ich mich an etwas, was man mir als Kind erzählt hat.«

Und das ist die Geschichte, die sie erzählte:

»Bei einem Kampf zwischen den Göttern des Olymp sprang Gott Pan in den Nil und erlebte eine Metamorphose. Seine obere Hälfte wurde zu einer Ziege und die untere zu einem Fisch. Nach dem Sieg wurde Gott Pan für sein geniales Überleben ausgezeichnet: Zeus wies ihm dort den höchsten Ehrenplatz zu.« Und sie hob die Augen zum Himmel.

Der Lebensmittelhändler, der, wie es schien, die ganze Zeit darin vertieft gewesen war, einen Karton mit Milchprodukten auszuräumen, richtete sich auf und wandte sich an uns: »Ich habe das Gefühl, Frau Fruma, entschuldigen Sie, dass ich mich einmische, ja, ich bin sicher, dass Zeus, oder wie immer er auch heißen mag, Helena den gleichen Preis gibt.«

Wer hat mehr Ehre?

Ganz oben auf der Liste von Helenas Lieblingsliedern stand in all den Jahren das Lied »Wer hat mehr Ehre?« aus dem Musical *Kazablan*.

»Für Ehre«, sagte sie, »müssen Kazablan und ich viel und hart arbeiten, und das ist nicht nur ein Lied.«

Und tatsächlich, die Armut, unter der sie viele Jahre lang litt, versetzte ihrer Ehre einen harten Schlag und beschämte sie sehr.

Wegen dieser Ehre und wegen dieser Scham versuchte Helena alles, um ihre Armut zu verbergen.

Trotzdem wusste man in der Nachbarschaft, dass Helena ihren Besuchern, wenn welche kamen, Kaffee und Käsekuchen ohne Käse vorsetzte oder Kaffee und Apfelkuchen ohne Äpfel. Man sagte auch, dass sie zerbrochenes Geschirr zusammenklebe, als sei es ein Puzzle mit vielen Teilen, und verblasste Vasen bemale.

»Es ist nicht eine Sache des Geldes«, sagte sie, »sondern eine Sache des Prinzips, aus Altem etwas Neues zu machen, aus Zerbrochenem etwas Heiles«, und ersetzte für einen Moment die Scham durch Stolz. In unserem Haus wurde jede Kiste zu einer Kommode, und ein Stuhl, ein Wasserhahn, ein Herd oder ein Sessel, der unter der Last der Jahre zusammenbrach, wurde mithilfe von Zange, Hammer, Säge und Kontaktkleber restauriert. Sie strich abblätternde Wände in leuchtenden Farben an, bemalte die Treppe und ergänzte die Bilder an unseren Wänden mithilfe ihres Pinsels durch ein ganzes Spektrum von Gouachefarben. Sie färbte ein rotes Hemd schwarz und eine weiße Bluse blau, jedes alte Bettlaken war ein potenzielles Kleid, und die Leute sagten zu ihr: »Du hast ja ein neues Kleid, du siehst wundervoll aus.«

Wenn ihre Kraft nachließ, weinte sie; doch dann trocknete sie schnell ihre Tränen und erklärte, ohne dass jemand sie gefragt hatte, jedem, der es vielleicht gesehen haben konnte: »Das ist nur Schweiß, das ist nur Schweiß.«

Sie arbeitete Tag und Nacht, um ihre Ehre zu wahren, um ihren Mangel zu verbergen und um ja keine Schwäche zu zeigen, weder eine des Körpers noch eine des Portemonnaies. Wenn sie Schnupfen hatte, sagte sie, das sei eine Stauballergie, und bei Fieber sagte sie, ihr Körper sei nicht an solch ein »asiatisches« Wetter gewöhnt, in jeder Entzündung sah sie eine Krankheit, die von Erinnerungen verursacht wurde, jede Grippe war der Ausdruck einer Sehnsucht, und ihrer Meinung nach litt sie an Kopfschmerzen, weil sie hebräisch sprechen musste.

Alle Symptome, davon war sie überzeugt, waren lediglich ein Zeichen für ihre Schwierigkeiten, sich in einem fremden Land einzuleben.

Einmal schnitt sie sich mit einem Küchenmesser in den Finger. Den Nachbarn erzählte sie, sie habe Blut gespendet – sie sollten, Gott behüte, nicht auf die Idee kommen,

Mitleid zu haben oder sich um ihren verbundenen Finger zu sorgen.

Alle wussten: Sie kann immer alles.

Einige sagten zu ihr, ihr Leben könnte ganz anders sein, wenn sie nur deutsche Wiedergutmachung akzeptieren würde. Helena kochte vor Wut und machte klar, dass man aus Blut keinen Gewinn schlägt, und sie sei es sich schuldig, ehrenhaft zu leben, ohne milde Gaben und vor allem ohne Wiedergutmachungsgelder. Und wenn sie von jemandem erfuhr, dass er Wiedergutmachung bekommen hatte – er war in Urlaub gefahren, hatte seine Möbel ausgewechselt oder eine Wohnung gekauft –, setzte sie ihn auf ihre Liste der Unberührbaren.

Ihr Verhalten, davon waren viele überzeugt, resultierte nicht aus freier Wahl, sondern aus Verrücktheit.

Damals lebte am anderen Ende unseres Viertels eine Frau, die Lea, die Mildtätige, genannt wurde. Die Mildtätige hatte zwei Kinder, viele Besitztümer, einen Kanarienvogel in einem Käfig, einen invaliden Ehemann, ein Auto und Wiedergutmachungsgeld. Ältere Leute gingen zu ihr, um sich Geld zu leihen, und Kinder, um den Kanarienvogel im Käfig anzuschauen oder um am Freitag oder Schabbat von ihr zu einer kleinen Rundfahrt mitgenommen zu werden.

Aber vor allem war sie wegen des Mixers bekannt, den sie besaß. Lea machte Karotten- oder Tomatensaft, damit alle im Viertel stärker würden. Morgens machte Lea mit ihrem Mixer abwechselnd Saft aus Karotten oder Tomaten und goss ihn in Gläser. Mit den Gläsern, die sie teils auf den

Händen, teils auf dem Busen balancierte, ging sie erst zu den Leuten, die bei der Krankenkassenambulanz warteten, dann, in den Pausen, stand sie im Schulhof, verteilte Saft an die dünnen, schwächlichen Kinder und wünschte ihnen: »Gesundheit, Kraft und gute Noten.«

Einmal bekam auch ich Karottensaft von ihr, und als Helena das erfuhr, war sie zornig auf mich und vor allem auf Lea. »Ich habe sie nicht darum gebeten, warum gibt sie dann was? Fehlen dir etwa Vitamine? Bist du ein krankes Kind?« Dieser Saft hinterließ nur Zorn und einen schlechten Geschmack.

An einem von Helenas schwereren Tagen, als ihr Portemonnaie nur noch Ehre enthielt, wandte sie sich, gehüllt in Schande und einen Schleier, an Lea, die Mildtätige. Mit zitternder Stimme bat sie, sie möge ihr für einen oder höchstens zwei Tage zehn Pfund leihen. Lea, die Mildtätige, zögerte nicht und gab ihr einen Hunderter.

Helena öffnete verwirrt ihr Portemonnaie. »Aber ich habe nichts zum Rausgeben«, sagte sie betreten.

»Ich weiß«, sagte die Mildtätige und strich über Helenas Rücken, der sich unter dieser Berührung zusammenzog.

»Woher weißt du das?«, fragte Helena erstaunt. »Bist du auch eine Prophetin?«

Die Mildtätige lächelte: »Wenn du kannst, gibst du es mir zurück.«

Helena fügte sich und ging. Das Geld hatte sie genommen. Um die Schuld so schnell wie möglich zurückzuzahlen, sparte sie jeden Pfennig, bis sie die Summe zusammenhatte. Sie packte das Geld in einen Umschlag und adressierte ihn: »An die reiche Dame.« Dann warf sie ihn in den Briefkasten, ohne Adresse und ohne Dank.

Sie sprach nie mehr mit Lea, der Mildtätigen. Auf der Straße, in der Post, im Lebensmittelladen versuchte Helena immer, ihr aus dem Weg zu gehen. Nie und niemandem erklärte sie, warum sie die Mildtätige nicht lobte. Im Viertel sagte man, Helena sei eine seltsame Frau, und die Mildtätige, das wisse jeder, sei mildtätig. Nur diejenigen, die Helena näherstanden, stellten fest, dass in dieser Zeit zu den Geschichten, die sie erzählte, eine neue hinzugekommen war. Als hätte Helena sich plötzlich an eine Frau aus einem fernen Land erinnert. »Und so ist es gewesen«, erzählte sie, »einmal kam zu der reichen Dame eine arme, einsame, verlegene und beschämte Witwe und bat sie um ein Stück Brot und einen Becher Wasser. Die reiche Dame, die für ihre Wohltätigkeit berühmt war, war unfähig, wenig zu geben, es musste viel sein und mehr als einfach nur Brot und Wasser. Sie ging ins Zimmer, nahm einen goldenen Halsschmuck, den sie geerbt hatte, und gab ihn der hungrigen Witwe, die vor ihrer Tür stand. Die Witwe wurde vom Schlag getroffen und starb. Und die reiche, freigebige und mildtätige Dame bot großzügig an, die Witwe, geschmückt mit dem Halsband, in allen Ehren beerdigen zu lassen. Das ganze Dorf kam zur Beerdigung. Die reiche Dame erhielt Lob und Ehre und die arme Witwe, Gott schütze uns, ein Grab.«

Etwa zehn Jahre später starb Lea, die Mildtätige. Viele Bewohner des Viertels hielten Reden bei ihrer Beerdigung, priesen sie und sagten, sie sei eine Heilige gewesen. Einer der Sprecher, ein Rechtsanwalt und Notar, von dem man sagte, er sei ein Spezialist für Wiedergutmachungszahlungen, erzählte folgende Geschichte über Lea, die Mildtätige: »Eines Tages kam eine Witwe zu Lea und bat sie um Geld. Lea verstand, wie groß ihre Not war, und wollte die Witwe nicht beschämen. Deshalb zog sie aus ihrem Portemonnaie einen großen Schein, zehnmal mehr, als die Witwe von ihr erbeten hatte.« Er unterstrich seine Worte mit Bewegungen der Hände und des Körpers, als er fortfuhr: »Wie immer gab Lea mehr, sogar wenn die Leute das nicht wollten.« Dann wurde seine Stimme dramatisch: »Und sogar wenn sie es ihr nicht dankten.« Er beendete seine Rede, indem er sich eine Träne wegwischte.

Helena, die unter den Trauergästen stand, zog sich zusammen. Als die Erde alles bedeckte, legten die Versammelten Steine auf das Grab der Gerechten. Helena legte den größten Stein hin, so groß wie ein Ziegelstein, und sagte zu sich: »Sogar wenn sie nicht darum gebeten hat … Sogar wenn sie nicht darum gebeten hat.«

Danach war aus Helenas Haus ein Lied zu hören, das man schon seit Jahren nicht mehr gehört hatte: »Wer, wer, wer hat mehr Ehre?« Kazablan sang, und Helena summte mit und weinte.

Porzellan und Kristall

Am Ende des Sommers im Jahr 1966 erhielt Helena einen eingeschriebenen Brief, es war das erste in einer ganzen Reihe von Ereignissen. Drei Tage später fand ein Treffen beim Rechtsanwalt Jizchaki statt, bei dem es um den Nachlass eines Herrn Hirsch ging.

Diesen Herrn Hirsch hatte Helena, wie sie aussagte, nicht gekannt und nie getroffen. Und auch Hirsch, wie sich später herausstellte, kannte Helena nicht. Und dies ist die Geschichte:

Hirsch, ein alleinstehender Mann, hinterließ folgendes Testament: »Ich habe meine ganze Familie und all meine Kinder verloren. Es ist mir gelungen, mich in Israel zu etablieren. Ich möchte meinen Besitz Menschen vermachen, die aus meiner Heimatstadt stammen, den ganzen Schrecken mitgemacht und überlebt haben. Ich hoffe nur, ich kann ihnen den Rest ihres Lebens etwas leichter machen.« Als Bevollmächtigter von Herrn Hirsch hatte Rechtsanwalt Jizchaki versprochen herauszufinden, wer aus jener Stadt übrig geblieben war.

Aus den Unterlagen, die er fand, ergab sich zu Helenas Überraschung, dass sie in jener Stadt geboren war, deshalb stand ihr ein Teil von Herrn Hirschs Besitz zu, obwohl sie selbst behauptete, aus einer anderen, einer größeren und bekannteren Stadt zu stammen.

Die sechs Überlebenden von Hirschs Heimatstadt trafen sich in der Achad-Ha'am-Straße. Um in das Büro zu gelangen, mussten sie eine verrostete Außentreppe hinaufsteigen, sich an einem wackligen Geländer festhalten, mit viel Kraft eine große Holztür aufstoßen und über einen gelbbraunen Mosaikfußboden durch einen großen Flur gehen, der so hoch war wie zwei Stockwerke. An seinem Ende befand sich Rechtsanwalt Jizchakis Büro.

»Im Sessel saß eingequetscht ein Mann, nicht dumm und nicht klug, nicht empfindsam, einfach ein normaler Mann.« So fasste Helena ihren Eindruck zusammen. Für das Treffen waren sechs Holzstühle um ihn herum aufgestellt worden, auf ihnen saßen fünf aus Herrn Hirschs Heimatstadt und Helena, die, nach ihrem Wissen, aus einer Großstadt stammte.

Als alle sich eingefunden hatten, schlug Herr Jizchaki ohne längere Vorreden vor, Lose zu ziehen. So würde jeder der Erben ein Sechstel vom Besitz des verstorbenen Herrn Hirsch, er ruhe in Frieden, erhalten. Helena bekam auf diese Weise ein Porzellanservice aus Bayern und sieben tiefe Schalen aus echtem belgischem Kristall.

Sechs Tage später kam ein Bote mit drei riesigen Kartons. In zweien war das Porzellan, im dritten das Kristall. Den Karton mit dem Kristall ließ Helena im Flur neben dem Eingang abstellen, die Kartons mit dem Geschirr im Hof, neben den Mülltonnen, denn deutsche Erzeugnisse kamen ihr, wie gesagt, nicht ins Haus.

Die Kartons wurden zu einem Ärgernis. Die Männer von der städtischen Straßenreinigung weigerten sich, die Porzellankartons, die neben den Mülltonnen standen, mitzunehmen, sie drohten sogar mit Strafe. »Frau Helena«, schrien sie früh am Morgen, »was soll das heißen, Kartons neben den Mülltonnen? Wenn Sie die Dinger nicht wegschaffen, bekommen Sie einen Strafzettel von der Stadt.«

Nach zwei oder drei Tagen riss Helena die Verpackung eines Kartons auf. »Ich habe ein Fenster in ein Paket gemacht«, sagte sie, »damit die Straßenkehrer morgen früh Appetit bekommen.« Und tatsächlich, am nächsten Morgen, als der Rechen den Asphalt kratzte und die Räder des Karrens Spuren in den Weg rollten, war kein Weckruf zu hören. Helena spähte durch den Spalt der Vorhänge aus dem Fenster und stellte fest: »Jetzt werdet ihr die Strafe bezahlen.«

Zwei Straßenkehrer standen da, mit ihren Rechen und Besen und dem Karren. Mit gesenkten Augen, als seien sie bei einem Verbrechen ertappt worden. »Ihr werdet bezahlen, ihr werdet bezahlen«, sagte Helena weiter, »weil ihr die Pakete vorgestern nicht mitgenommen habt.« Sie zog den Vorhang zurück und lachte. Die Männer atmeten erleichtert auf, beluden den Karren mit Sand, Blättern, Dreck und den Kartons, bedankten sich und zogen los, um eine andere Straße zu fegen.

»Das Zeug sind wir los, Gott sei Dank«, sagte Helena. »Aber was ist mit diesem da?« Sie deutete auf den Karton mit dem Kristall, der am Eingang stand. Es war Sommer. Ein Sonnenstrahl, der durch die Eingangstür fiel und eigentlich auf Staubflocken hätte treffen und ihren Weg hätte erhellen sollen, stieß ganz unerwartet auf Kristall, das bunte Lichtreflexe in die dämmrigen Zimmer warf. Die Verpackung war schon etwas aufgerissen, und die Kristallschalen schauten hervor, als wollten sie die fremde Umgebung begutachten. Sechs Tage und sechs Nächte stand der Karton da und wartete, was mit ihm passieren würde. Helena strahlte offensichtliches Unbehagen aus.

»Da haben sie mir ein Erbe gegeben«, beklagte sie sich bei einer Nachbarin.

Diese fragte: »Und warum bist du nicht zufrieden?«

»Ein Erbe, weißt du das nicht«, murrte Helena, »ist eine Erinnerung an das, was einmal war.«

Die Nachbarin schwieg.

Nachts, als Helena nicht schlafen konnte, kam ihr eine Idee.

Sie packte den Karton aus und trug jede Schale einzeln hinunter in den Hof. Für jede Schale grub sie ein Loch und stellte sie so hinein, dass nur noch der Rand herausschaute. Jede einzelne Schale war für etwas bestimmt. Zwei für die Katzen – eine für die Milch, die zweite für das Futter. Zwei Schalen waren für den Hund – eine für Wasser, die zweite für Fleisch. Die Vögel bekamen eine Schale für die Körner, die Henne eine für ihr Futter, und eine weitere Schale war für vierbeinige oder kriechende Passanten.

Unser Hof war viele Jahre ohne Zaun. Zwischen Brennnesseln und Sauerklee waren Kristallschalen in die Erde eingelassen. Niemand schöpfte je den Verdacht, dass ein Schatz in einem ungepflegten Hof eingegraben sein könnte.

Eines Tages kam, auf den Hinweis einer Nachbarin hin, ein Versicherungsvertreter zu Helena, er wollte ihren Besitz schätzen und ihr eine Police gegen Brandschaden oder Diebstahl vorschlagen. Er notierte auf einem Inventurformular, Helena besitze ein Bett, einen Tisch, Stühle, einen Schrank und einen Fernseher, ein Radiogerät und einen Herd. Als er zu der Rubrik »Wertgegenstände« kam, fragte er: »Was haben Sie da, meine Dame?«

»In diesem Haus gibt es nur das, was Sie sehen«, antwortete sie mit einem Zwinkern. »Sie fragen nach Wertgegenständen? Sie sind alle, ohne Ausnahme, im Garten.« Der Vertreter lachte über diesen Witz. Als er zu der Spalte »Sicherheitsvorrichtungen« kam, fragte er: »Haben Sie vielleicht ein Sicherheitsschloss, Fenstergitter, eine Sirene oder andere Dinge, die der Sicherheit dienen?«

»So etwas brauche ich nicht«, antwortete Helena. »Bei mir ist alles in der Erde. Sicherheitsschlösser, Gitterstäbe und was haben Sie noch gesagt? Eine Sirene? Mein Safe, das habe ich Ihnen schon gesagt, ist nicht im Haus, sondern im Garten.«

Der Vertreter lachte schon nicht mehr, er lächelte nur verlegen.

Am Schluss riet er, es wäre zu überlegen, ob sie nicht eine kleine Rücklage ansparen solle, für den Fall eines Brandes oder Diebstahls. Bei dem Besitz, den sie habe, sei eine Versicherungspolice keine Lösung. Dann ging er, nicht ohne sich vorher bei der Nachbarin beklagt zu haben: »Warum haben Sie mich zu ihr geschickt? Auf was hat sie schon aufzupassen? Zumindest hat sie Humor. Wissen Sie, ich habe sie gefragt, ob sie Wertgegenstände besitze oder Sicherheitsvorrichtungen, und da hat sie gesagt, ihre Wertgegenstände seien im Garten und ihre Sicherheitsvorrichtungen in der Erde.«

»Seltsam«, sagte die Nachbarin erstaunt und erzählte dem Versicherungsvertreter: »Es gibt Gerüchte, dass sie sehr reich sei. Man sagt, sie habe eine Erbschaft gemacht, von einem Unbekannten. Seien Sie nicht böse, ich war selbst Zeugin, dass sie eines Tages einfach so ein ganzes Porzellanservice weggeworfen hat.«

Wurzeln

Helena achtete darauf, die Wände mit Bücherregalen zu schmücken, so wie es sich für ein kultiviertes Haus gehört, und in diesen Regalen standen neben einer Enzyklopädie, einem Nachschlagewerk zu berühmten Menschen und berühmten Orten auch Fotoalben. Jedes Album hatte einen Einband aus dickem buntem Karton und raue schwarze Blätter, auf die die Fotos geklebt waren. Helena konnte sich stundenlang in diese Alben vertiefen.

Wann immer ich zugegen war, wenn Helena sich mit einem Album beschäftigte, wandte sie sich mit der Bitte an mich: »Elisabeth, klebe in ein Album nur Bilder, die niemandem schaden.«

Und wenn ich dann fragte: »Wem schaden? Wie schaden?«, bekam ich nicht immer eine Antwort.

Manchmal sagte sie nach einem kurzen Schweigen: »Es ist eine Frage der Sicherheit, eine vernünftige Investition.« Das sollte wohl die Antwort auf meine Frage sein.

Helena glaubte, wie sich herausstellte, daran, dass man einem Toten nicht ins Gesicht sehen dürfe, deshalb wurde, wenn jemand starb, sein Kopf herausgeschnitten und in einer kleinen Blechdose zu Grabe getragen. Der schwarze Hintergrund des rauen Papiers füllte die entstandene Lücke.

Die anderen auf den Fotos, Familie, Kinder, Freunde, lächelten den Betrachter weiterhin an, als hätte sich nichts geändert. Helena achtete streng auf das Einhalten dieser Regel, und nie lächelte, Gott behüte, ein Verstorbener von einem Foto. Im Lauf der Jahre zeigten die Fotos immer mehr Beine, Arme, Hände, Kleidung und alles mögliche Drum und Dran – und immer weniger Augen und lächelnde Lippen: Fotos ohne Gesichter verewigten in Helenas Alben die Toten.

Helena achtete bei ihrer Fotosammlung noch auf ein weiteres Prinzip: In ihren Alben gab es nur blondhaarige und blauäugige Männer, Frauen und Kinder. Nur blonde und blauäugige Nachbarn und Freunde füllten die Seiten, die Fotos der anderen wurden in großen Pralinenschachteln versteckt.

Und wenn jemand fragte: »Warum ausgerechnet in Pralinenschachteln?«, antwortete sie: »Weil man in Pralinenschachteln Bilder von Menschen aufhebt, die süß sind und schokoladenfarbene Augen und Haare haben.«

So weit war das Ordnungssystem vielleicht nicht einfach, aber klar und folgerichtig.

Aber das war, Gott behüte, nicht alles. Ausgerechnet Helena und ich waren das Hindernis, oder, wie Helena sagte: »Es passt einfach nicht, dass du und ich dunkel sind.«

Das Problem mit den braunen Augen löste Helena auf eigene Weise. Sie veränderte deren Farbe mithilfe eines Füllfederhalters und Tinte. In jedes braune Auge, das sich auf einem Foto zeigte, kratzte sie einen blauen Fleck.

Gleichzeitig sorgte sie mithilfe von Wasserstoffperoxid

für eine Blondfärbung unserer Haare. Wenn sich ein widerspenstiges Haar zeigte, wurde es entweder sofort aus der Wurzel gerissen oder mit Wasserstoffperoxid gewaschen; in schwierigen Fällen nahm sie die Hilfe des Friseurs in Anspruch. Manchmal sagte sie, halb scherzend, halb hoffend, wenn wir sorgfältig auf die blonden Haare achteten, würden im Lauf der Zeit unsere Augen vielleicht blau werden, dann wäre sie eine Sorge los, dann würde man mir nichts tun.

Trotz aller Schwierigkeiten und Hindernisse bewahrten Helenas Fotoalben makelloses Blond und Blau. Als ich älter wurde, fuhr ich fort, meiner blonden Haarfarbe mit Waschen und Färben nachzuhelfen, damit sie mir, Gott behüte, nicht verlorenginge, aus dem tiefen Glauben heraus, dass dies in der Tat vernünftig wäre.

1990.
Helena erkrankte. Ein Gehirnschlag machte sie fast unbeweglich und beeinträchtigte ihre Sehfähigkeit, ihr Gedächtnis, ihr Begriffsvermögen. Aber auch dieser zerstörerische Gehirnschlag konnte ihrem Lebenswillen nichts anhaben. Im Krankenhaus, auf der Endstation, im Rollstuhl, mit herabhängendem Kopf und mit verlöschendem Blick, ließ sie uns noch wissen, dass nur die Blonden am Leben bleiben würden und dass diese Einsicht auf persönlichem Wissen und eigener Lebenserfahrung basiere.

Wenn man sie nach ihrem Namen fragte, wusste sie ihn nicht mehr immer, und meist hatte sie keine Ahnung, welcher Tag war, welches Jahr oder wo sie sich befand. Aber wenn jemand mit schwarzen Haaren die Station betrat, sagte sie zu ihm: »Nur die Blonden bleiben am Leben.« Und sie bat mich nachdrücklich: »Bleib dein Leben lang blond, Elisabeth, die Blonden werden nicht umgebracht.«

Auch während ihrer Krankheit bestand sie darauf, wie in allen Tagen ihres Lebens zuvor, dass ihre Haare, die im Lauf der Jahre weiß geworden waren, blondiert würden, denn die Medikamente und die Physiotherapie seien, so glaubte sie, vielleicht gut zur Heilung, aber blonde Haare seien die unabdingbare Voraussetzung für ein Weiterleben. Helena starb als Blondine.

Die Trauertage waren vorbei.

Meine blonden Haare waren trocken und brachen, meine Kopfhaut war wund und schälte sich.

»Sie sind allergisch gegen Färbemittel«, stellte eine Ärztin fest und gab mir den Rat, die Haare abzuschneiden und sie nie, nie, das betonte sie nachdrücklich, mit Bleichmittel oder einem anderen unnatürlichen Stoff in Berührung zu bringen. »Ihre Kopfhaut ist beschädigt. Regelrecht verätzt.«

Ich ließ mir die Haare schneiden, überzeugt, dass ich trotz allem weiterleben würde, schließlich waren meine Haare, auch ohne Wasserstoffperoxid oder Farbe, von Natur aus blond. Aber meine Kopfhaut schälte sich weiter, und die trockenen blonden Haare machten schwarzen Haaren Platz, die noch nicht einmal einen braunen Schimmer zeigten. Die neu entdeckten schwarzen Wurzeln überraschten mich, ich nahm an, es handle sich um einen vorübergehenden Irrtum. Der vorübergehende Irrtum stellte sich als dauerhaft heraus.

Eines Tages, Jahre später, an einer Bushaltestelle, zog mich plötzlich eine alte Frau am Ärmel und sagte: »Guten Tag, Elisabeth. Vielleicht erinnerst du dich nicht, ich bin eine Freundin von Helena, von dort.«

Nach dieser kurzen Vorrede fragte sie in einem kritischen, selbstsicheren Ton: »Was ist das? Bist du verrückt geworden? Hast du dir die Haare schwarz gefärbt?«

»Nein«, antwortete ich. »Das ist meine natürliche Farbe.«

»Was ist mit dir? Ich kenne dich vom Tag deiner Geburt an, vielleicht hattest du ja schwarze Tage, aber deine Haare waren goldblond. Du bist wie Helena.« Und dann fügte sie hinzu: »Nur umgekehrt. Sie, mit ihren schwarzen Haaren, schaffte es sogar, die Deutschen davon zu überzeugen, dass sie blond sei. Und du, eine Blonde von Natur aus, glaubst, schwarze Haare zu haben. Was ist bloß los mit dir?« Sie war zornig über diese Täuschung.

»Ich habe eine Allergie gegen Färbungsmittel«, sagte ich.

»Gut, das mag ja sein«, sagte sie. »Was spielt das für eine Rolle? Daran stirbt man nicht.«

Ich schwieg.

»Und sonst? Wie geht es dir?«, erkundigte sie sich. »Wie viele Kinder hast du?«

»Zwei«, antwortete ich.

»Und sie sind blond!«, sagte sie.

»Erstaunlicherweise«, gab ich zur Antwort.

»Was ist daran so erstaunlich?«, bemerkte sie. »Das ist nicht erstaunlich, das ist Vererbung.«

Onkel Oded

Onkel Oded war das einzige überlebende Familienmitglied, das noch denselben Nachnamen trug wie Helena. Abgesehen von diesem Vorzug war Oded noch mit anderen Eigenschaften begnadet, die Helena zutiefst erfreuten: blaue Augen, strahlend blonde Haare, eine Stupsnase und ein wunderbar gebauter athletischer Körper. Diese vortreffliche Grundausstattung entschädigte für Onkel Odeds Beruf, der, nach Helenas Ansicht, nicht so besonders war. Zu ihrem Bedauern war Oded weder Arzt noch Rechtsanwalt, sondern nur ein hoher Offizier bei der Marine. Doch ausgerechnet sein Beruf bot Helena eine unerschöpfliche Quelle für Geschichten, die ihr halfen, sein Lob zu verbreiten.

Jedes Mal, wenn Onkel Oded von einer Seereise zurückkehrte und uns besuchte, machte sich Helena die Mühe, allen Nachbarn, die sie traf, mitzuteilen, dass der berühmte Oded angekommen sei. Während er bei der Marine diente, verließen die Frauen der Nachbarschaft das Haus, um ihn in seiner weißen Marineuniform mit den Offiziersabzeichen zu bewundern und sich einen solchen Bräutigam für ihre Töchter zu wünschen. Für die Männer bot sein Besuch die schmerzhafte Möglichkeit, voller Neid einen Sabre zu betrachten, der für sein Volk in den Krieg zog, während sie,

Gott stehe uns bei, mit Geldproblemen und Albträumen zu Hause bei Frau und Kindern blieben.

Dank des tapferen Oded hatte Helena unbegrenzten Kredit, was Heldengeschichten betraf. Ihm und sich zu Ehren war sie oft bereit, das eine oder andere militärische Geheimnis zu lüften oder einen klaren, eindeutigen Hinweis darauf zu geben, dass Oded, ihr Verwandter, für eine geheime Mission auf hoher See einen Orden erhalten hatte. Seine Taten spielten, ihrer bescheidenen Meinung nach, eine entscheidende Rolle für den Sieg der Armee im Allgemeinen und im Sechstagekrieg im Besonderen.

Jahre vergingen, Onkel Oded hatte seinen Abschied von der Armee genommen und war zur Handelsmarine gegangen. Die Geschichten von seinen Reisen in fremde Länder ersetzten nun die Geschichten von Schlachten. Helena, wie es ihre Art war, hielt vor den Nachbarn nicht mit ihren Informationen über Störungen in der Handelsschifffahrt zurück, Störungen, die nur behoben werden konnten dank der Geistesgegenwart und der Geschicklichkeit des Seemanns Oded. Denn Helenas Oded konnte sowohl den Wellen als auch dem Feind widerstehen.

Im Lauf der Jahre ließ die Häufigkeit von Odeds Besuchen nach.

Helena wartete sehnsüchtig und geduldig auf ihn, denn wenn er von seinen Reisen zurückkam, und nur dann, konnte sie fragen: »Wie ist es dort?«, »Ist der Schnee noch immer so weiß?«, »Schmeckt das Brot noch immer so knusprig und gut?« Manchmal wurde sie mitgerissen und erweckte die bekannten Straßen zum Leben, das Läuten der

Kirchenglocken, das Rot der Kirschen, den Duft verschneiter Winter und die Namen von Menschen und Orten, die, wie sie sagte, sonst verblassen würden. Und auch wenn Oded aus Amerika oder aus dem Fernen Osten zurückkam, beharrte Helena darauf, sich zu erkundigen, wie es ihrem »Dort« gehe.

Sie hängte in unserer Wohnung Bilder von Handelsschiffen neben die Bilder schneebedeckter Landschaften und wischte sorgfältig den Staub von den Andenken, die Onkel Oded mitgebracht hatte. In den vielen Tagen zwischen seinen Besuchen erzählte sie, sein Schiff würde jetzt auf der Wolga und auf der Weichsel fahren und in den Gegenden ihrer Kindheit vor Anker gehen. Jedem, der bereit war, zuzuhören, schilderte sie anhand des Metallglobus, der auf dem Küchentisch stand, die Landschaft um ihn herum: »Da ist er jetzt«, sagte sie, während ihr Finger das Grün von Wäldern, das Blau des Meeres, den Verlauf eines Flusses, Städte und Berge berührte.

Nachdem ihre Finger ihren Erinnerungen nachgegangen waren, sagte sie mit Sehnsucht und Verlangen: »Nur dort, nur dort«, und es fehlten ihr die Worte, um es zu beschreiben, und traurig fügte sie nur hinzu: »Und hier? Was gibt es hier?«

Eines Tages tauchte Oded ganz überraschend auf.

»Helena«, sagte er, »ich bin gekommen, um dir meine zukünftige Frau vorzustellen, sie heißt ebenfalls Helena.« Er schaute in die Augen seiner Geliebten und wich Helenas Blick aus.

Eine schöne junge Frau stand in unserem Wohnzimmer, eine sehr schöne junge Frau, schlank, feingliedrig, mit glänzender Haut, blauen Augen und strahlend blonden, langen, glatten Haaren, wie Helena es mochte.

»Darf ich vorstellen«, sagte Oded.

Statt auf sie zuzugehen, machte Helena einen Schritt zurück und sank in den Sessel, der ausgerechnet in diesem Moment zusammenbrach. Helena schlug sich den Kopf an, wurde blass und sagte mit schwacher Stimme: »Alles nur wegen des Sessels.«

Verlegen trat Odeds Helena ein paar Schritte zurück, nicht ohne Oded zuvor etwas ins Ohr geflüstert zu haben.

»Eigentlich«, sagte Oded entschuldigend, »sind wir nur gekommen, um Hallo zu sagen, ich wollte, dass du Helena kennenlernst. Wir werden ein andermal zu einem richtigen Besuch kommen, das verspreche ich dir.« Dann verflocht er seine Finger mit den Fingern seiner Helena, und beide gingen mit großen Schritten zur Tür und verschwanden.

Es gab kein andermal.

Tage nach diesem Zusammentreffen sagte Helena zu den Nachbarn, die bemerkten, dass nicht alles in Ordnung war: »Ich habe einen schrecklichen Schlag erlebt.«

Jahre später brachte Fanny, die Nachbarin, eine deutsche Zeitschrift mit, die sie abonniert hatte, mit einem Artikel über bekannte glückliche Familien in Deutschland.

»Hier, lies das«, sagte sie zu Helena und deutete mit zitterndem Finger auf die Seite mit dem Artikel. »Hier«, sagte sie aufgeregt, »steht etwas über ein erfolgreiches, wohlhabendes Paar, das keine Details mitteilen und sich nicht interviewen lassen wollte. Die Reporterin achtet ihre Bitte zwar, veröffentlicht aber trotzdem einige Details, die sie aus zuverlässigen Quellen weiß. Lies, was hier steht.« Fanny setzte die Lesebrille, die ihr um den Hals hing, auf die Nase und übersetzte den deutschen Text mit zitternder Stimme: »Oded, der einzige Überlebende einer Familie, die im Holocaust umkam, lebte einige Jahre in Israel, diente als Marineoffizier und ist studierter Schiffsbauingenieur. Helena, seine Frau, ist die Tochter eines SS-Offiziers, der nach dem Krieg zum Tod verurteilt wurde. Das Paar hat keine Kinder, aus freier Entscheidung, sie ziehen einen deutschen Schäferhund auf und kümmern sich um ihren Garten mit seltenen Pflanzen.«

Fanny hob den Blick, nahm die Brille ab und schaute Helena prüfend an, während ihr ein Schweißtropfen von der Oberlippe lief. »Die Reporterin drückt ihr Erstaunen darüber aus, dass das Paar sich weigert, fotografiert und interviewt zu werden, denn ihrer Meinung nach seien sie das beste Beispiel für eine erfolgreiche Geschichte.«

Dann fragte Fanny: »Sag mal, ist er nicht ein Verwandter von dir?«

Helena schloss die Augen und antwortete mit letzter Kraft: »Sag es niemandem, das ist ein militärisches Geheimnis, er ist im Auftrag des Geheimdienstes dort.«

»Ach so«, sagte Fanny, klappte schnell die Zeitschrift zu und warf sie in den Mülleimer und zeigte so wortlos, dass niemand etwas von ihr erfahren würde, weder in der Nachbarschaft noch anderswo.

Während der ganzen folgenden Nacht blieb Helena wach. Sie suchte alle Fotos von Schiffen und verschneiten Landschaften zusammen, auch alle Andenken und Geschenke, packte sie in eine große Gemüsekiste und verließ das Haus. Am nächsten Morgen sagte sie zu mir: »Weißt du, Oded ist in Deutschland gestorben und wurde auf See bestattet«, dann murmelte sie noch: »Deshalb habe ich ihm ein kleines Grab gemacht, zur Erinnerung.«

»Wo?«, fragte ich.

»In der Nähe der städtischen Klärgrube«, antwortete sie.

»Neben der Kloake, wo es immer stinkt?«, fragte ich erstaunt.

»Ja, genau dort«, sagte sie, und ihr war anzusehen, wie zufrieden sie war.

Kurzschluss

Wegen der Schichtdienste und ihrer Sorge, mich bei Nachtschichten allein zu lassen, war Helena gezwungen, ihre Arbeit als Hebamme in einem großen Krankenhaus aufzugeben und eine Stelle in der Krankenkassenambulanz unseres Viertels anzunehmen. Die Belegschaft der Krankenhausstation bestand darauf, dass Helena ihren Ausstand feiern müsse, und ihre Kolleginnen und Kollegen erklärten, auch wenn sie kein Fest gäbe, würden sie zu ihr nach Hause kommen und ihr ein Abschiedsgeschenk bringen.

Helena versuchte, dem auszuweichen. »Eine Katastrophe«, sagte sie, »was brauche ich das Krankenhaus bei mir zu Hause?« Aber der Druck war groß, und Helena musste nachgeben.

Helena, die nicht daran gewöhnt war, ein Fest auszurichten, geriet in große Anspannung. Eine Woche lang sprach sie mit sich selbst und plante haargenau die Sitzordnung und die Speisefolge. Sie ließ sich von den Nachbarinnen Rezepte geben, und im Lebensmittelladen kaufte sie speziell für das Fest ein. Am Tag vor dem großen Ereignis schleppte sie noch körbeweise Siphonflaschen an, damit es genügend Sodawasser zum Trinken gab. Und am Morgen der Feier wachte sie früh auf und putzte und fegte den ganzen Tag.

Als sie mit den Vorbereitungen fertig war, kontrollierte sie die ganze Wohnung, und man sah ihr an, wie angespannt und unzufrieden sie war. »Die Polster sind sauber, aber zerrissen. Die Toilettenschüssel glänzt, aber sie ist zerbrochen«, und über die abbröckelnden Wände sagte sie unbehaglich: »Man sieht die Reste von allen früheren Anstrichen.«

Einen Moment lang sah sie hilflos aus, doch plötzlich änderte sich ihr Blick, und sie lächelte wieder. »Ich gehe mit dem Hund hinaus, damit er sein Geschäft verrichten kann«, sagte sie, laut genug, damit ich es hören konnte. Sie rief ihn und verließ das Haus.

Helena war also mit dem Hund draußen. Und dann wurde es plötzlich dunkel im Viertel.

Die Nachbarn kamen aus ihren Häusern, um zu sehen, was passiert war, warum es kein Licht mehr gab.

»Gerade als ich neben dem Stromkasten stand, ging plötzlich das Licht aus«, sagte Helena zu einer Nachbarin. Einer anderen erzählte sie seelenruhig: »Es stimmt, ich stand gerade neben dem Stromkasten; interessant, dass der Hund heute ausgerechnet dort beschloss, sein Geschäft zu erledigen.« Und die Nachbarn sagten: »Das ist ärgerlich. Das ist schlimm.« Sie waren zornig und aufgebracht, während Helena ganz ungewöhnlich zugänglich und liebenswürdig war und den wütenden Menschen erzählte, für sie sei die Sache besonders schlimm, denn bei ihr würde gleich ihre Abschiedsfeier vom Krankenhaus stattfinden. Eine Nachbarin bemerkte: »Dunkelheit passt sehr gut zu einem Abschied.«

»Stimmt«, antwortete Helena. »Aber nicht für eine Feier.« Und sie sah überhaupt nicht traurig aus.

Als die Gäste kamen, erklärte Helena, sie würden einen ganz besonderen Abend bei Kerzenlicht verbringen, ohne warmes Essen, nur mit Süßigkeiten. Sie habe zwar etwas anderes vorbereitet, aber sie würden sicher verstehen, dass sich aufgrund der Dunkelheit eine neue Situation ergeben habe.

Anfangs herrschte Verwirrung. Später sangen sie, lachten und tanzten. Bevor sie gingen, hörte ich jemanden sagen, diesen Abend würden sie nie vergessen, und bestimmt würden sie irgendwann noch einmal kommen, um die Wohnung, die sie so liebe, bei Licht zu sehen. Aus ihren Geschichten wüssten sie, dass sie die Wände und die Treppe allein gestrichen, die Polster selbst bezogen und die Bilder restauriert habe. Aber im Dunkeln hätten sie leider nur Schatten gesehen.

»Was für ein Glück, dass sie Ärzte und Krankenschwestern sind und keine Elektrotechniker, sonst hätte es hier, Gott behüte, vielleicht noch Licht gegeben«, fasste Helena die gelungene Feier zusammen, als alle gegangen waren.

Noch Jahre danach, wenn Helena jemanden vom Krankenhausteam traf, wurde darüber gesprochen, was sie für eine wunderschöne Feier gegeben habe. Und noch eine Geschichte machte die Runde: An jenem Abend, in der Dunkelheit, hatte ein junger Arzt neben einer jungen Krankenschwester gesessen. Die beiden verliebten sich ineinander und heirateten, und Helena erhielt eine Einladung mit dem zusätzlichen Hinweis, die Hochzeit hätten sie nur ihr zu verdanken.

Während der Feier und noch Stunden danach versuchten Techniker der Elektrizitätsgesellschaft und Vertreter der Nachbarschaft herauszubekommen, wer die Stromversorgung sabotiert haben könnte. Sie suchten Zeugen. Sie fragten auch Helena: »Wissen Sie vielleicht, ob jemand an den Leitungen gezogen hat? Wir haben gehört, dass Sie auf der Straße waren, als es passiert ist.«

»Ich habe nur an der Hundeleine gezogen«, antwortete Helena, und alle lachten anerkennend über diese Antwort. Nur Herr Hering, ein Mitglied des Nachbarschaftskomitees, lachte nicht. Er wandte sich an einen Techniker und bat ihn, den Schaden schnell wieder zu beheben, für Helena. »Sie ist eine alleinstehende Frau, die lange in der Dunkelheit war«, erklärte er seine Bitte. »Sie hält es nicht aus ohne Licht, und überhaupt hat sie schon genug gelitten.« Herr Hering schaute Helena an und zwinkerte ihr zu.

Er wollte offenbar den Bericht über ihr Elend weiter ausführen, aber der Techniker hörte schon nicht mehr zu. Am nächsten Tag, gegen Abend, wurde die Störung lokalisiert und wieder in Ordnung gebracht, und im Bericht stand dann, man wisse nicht, wer für die Sabotage verantwortlich sei, aber das Hauptkabel im Stromkasten sei eindeutig durchtrennt worden.

Ein paar Wochen später traf Helena Herrn Hering, das Komiteemitglied. »Du bedankst dich nicht bei mir?«, fragte er.

»Wofür?«, entgegnete sie.

»Ich habe gesehen, was du am Stromkasten gemacht hast.«

Sie sagte: »Ich habe getan, was nötig war.«

Er war erstaunt: »Was soll das heißen? Musstest du die ganze Nachbarschaft dunkel machen?«

»Nein«, antwortete sie ruhig. »Ich bin mit dem Hund draußen gewesen.«

»Aber Helena«, beharrte er, »ich wohne gegenüber und stand am Fenster. Ich habe gesehen, dass du an dem Kabel gezogen hast.«

»Das war kein Kabel, das war die Hundeleine. Denk noch mal darüber nach«, schlug sie vor und bedankte sich nicht bei ihm, und Herr Hering sah aus, als würde er nach Luft schnappen.

Herr Hering war nicht nur Mitglied im Nachbarschaftskomitee, er litt auch unter schwerer Diabetes. Zweimal in der Woche bekam er eine Spritze in unserer Krankenkassenambulanz, und dort traf er Helena, die Oberschwester. Man sagte, eines Tages habe Herr Hering den Leiter der Krankenkassenambulanz darum gebeten, dass ihm eine andere Schwester die Spritze geben solle, denn bei Helena würde es sehr wehtun.

Der Leiter ließ Helena zu sich kommen, um die Sache aufzuklären, und sie empfahl ohne jedes Zögern, dass Schwester Bluma ihm die Spritzen geben solle. »Zwischen mir und Herrn Hering gibt es einen Kurzschluss«, erklärte sie.

Als Herr Hering kam, um sich seine Spritze von Schwester Bluma geben zu lassen, sagte Helena zu ihr: »Gib dir Mühe, ihm beim Spritzen nicht wehzutun, denn Herr Hering lebt allein, er ist ein sehr empfindlicher Mann, und er hat in seinem Leben schon genug gelitten.« Sie warf ihm einen Blick zu und zwinkerte.

Schwester Bluma fragte erstaunt: »Es gibt doch einen Kurzschluss zwischen euch, Helena, warum hast du ihm zugezwinkert?«

»Das geht dich nichts an, das war nur für ihn bestimmt. Und wenn du es wirklich wissen willst, musst du ihn fragen.«

In diesem Moment schrie Herr Hering: »Oh, das tut weh!«

Bluma tupfte die Einstichstelle schnell mit Watte ab, drückte fest darauf und vergaß, ihn zu fragen.

Helena und Herr Hering sprachen nie mehr ein Wort miteinander. Als Schwester Bluma nicht mehr in der Ambulanz arbeitete, hatte der arme Herr Hering keine Wahl mehr, er musste sich, trotz des Kurzschlusses, seine Spritze von ihr geben lassen. Er ließ die Hosen herunter, bekam seine Spritze und ging, ohne sich zu bedanken und ohne sich zu verabschieden.

Ich bin nicht allein

»Ich will nicht, dass irgendjemand, auch du nicht«, Helena deutete auf mich, mit einem scharfen Blick, »sich am Wochenende um mich kümmert.«

Auf diese Art versuchte Helena offenbar, sich »Störungen« wie Besucher oder auch Einladungen vom Hals zu halten. Aber während der Woche, wenn sie Zeit hatte, liebte sie es, Geschichten von Menschen zu erzählen, die sie am Wochenende getroffen hatte. All diese Geschichten fingen ähnlich an: »Am Schabbat habe ich zufällig den oder die getroffen«, und anschließend standen ihr verschiedene Varianten zur Verfügung, wie bei einer Vorabendserie mit vielen Folgen. Als ich einmal wissen wollte, wie man ausgerechnet am Schabbat so viele Leute treffen konnte, antwortete sie: »Das passiert zufällig«, und ihr Gesicht war undurchdringlich.

Januar 1979.
Die Sprecherin der Radiosendung *Hausfrau* berichtete ihren Zuhörern, dass eine einzigartige Frau, die anonym bleiben wolle, für einen geeigneten Kandidaten unentgeltlich Kost und Logis anbiete. Der Kandidat oder die Kandidatin, führte die Sprecherin aus, müsse ehrlich und anstän-

dig sein, eine Person mit vielen Problemen, die sich ihren Lebenswillen aber nicht habe nehmen lassen, und sie schlug vor, dass Menschen mit einem schweren Schicksal und wenig Möglichkeiten innerhalb der nächsten Stunde beim Sender anrufen sollten. »Wir hier«, versprach sie, »werden dieser einzigartigen Frau helfen, einen passenden Kandidaten zu finden und eine wirklich gute Tat zu vollbringen.«

Viele riefen bei dem Sender an. Schließlich wurde eine Studentin ausgewählt, eine Waise, die auch die einzige Ernährerin ihrer beiden behinderten Brüder war. »Für weitere Einzelheiten«, während man im Hintergrund schon das Zeichen für die folgende Sendung hörte, »kann sich Matilda, die Ausgewählte, an die Frau namens Helena wenden, die Telefonnummer ist 713449, zu jeder Tageszeit.« Und sie hatte gerade noch Zeit, »herzlichen Glückwunsch« zu sagen, bevor die nächste Sendung begann.

Nachdem ich mich von meinem Schock, an dem ich beinahe erstickt wäre, erholt hatte, rief ich Helena an, halb, um sicherzugehen, halb, um ihr zu gratulieren. Sie zeigte sich nicht verwundert darüber, dass ihre Identität aufgedeckt worden war, sie fragte nur erstaunt: »Seit wann hörst du Hausfrauensendungen? Hast du morgens etwa nichts zu tun oder was? Bist du vielleicht keine berufstätige Frau mehr?« Und wie es ihre Art war, wartete sie nicht auf eine Antwort, sondern fügte hinzu: »Und was die Untermieterin betrifft, sie passt nicht, wir haben uns geirrt. Es gibt ein Problem: Das Mädchen ist fromm.« Und das war tatsächlich ein Problem.

Helenas Küche war nicht koscher, am Türpfosten hing

keine Mesusa, und jedes Mal, wenn Matilda sagte: »Gott sei Dank« oder »Gott sei gepriesen«, platzte Helena heraus: »Stimmt, stimmt, sechs Millionen.« Die junge Studentin verschwand so schnell wie möglich.

Als die Redakteure der Sendung erfuhren, dass Matilda nicht mehr da war, wollten sie Helena helfen, ihre gute Tat zu vollbringen, und schlugen ihr vor, sie solle das Zimmer doch einem anderen Mädchen geben, das ebenfalls die Kriterien erfülle.

In Bonnies erster Nacht in der Wohnung klingelte mein Telefon zwei Stunden nach Mitternacht, und Helena flüsterte in den Hörer: »Hör zu, Elisabeth, nachdem die Wieheißt-sie-denn-bloß schlafen gegangen ist, habe ich ihren Schrank und ihren Koffer durchsucht.«

»Wieso hast du das getan? Was geht dich das an?«, schrie ich in den Hörer.

Helena ging nicht auf meinen Protest ein. »Bonnie, so heißt doch kein Mensch, so heißt nur eine Hure, ich habe gleich so einen Verdacht gehabt. Also habe ich alles durchsucht, nachdem sie eingeschlafen war, und was ich gefunden habe, gibt mir recht, das kannst du mir glauben.« In ihrer Stimme lag Befriedigung. »Ich habe Dutzende von Nagellackflaschen entdeckt, einen roten Lippenstift, Unterhosen mit Spitzen und Glitzerbesatz, mehrere Büstenhalter ohne Träger, schwarze Netzstrümpfe …« Sie hörte gar nicht auf, die Garderobe des Mädchens zu beschreiben, ihre Sachen und alle »verdächtigen« Zeichen. Aber ich war schon wieder schlafen gegangen, und alle weiteren Details und Beschreibungen hörte nur noch der Telefonhörer.

Als ich morgens aufwachte, wusste ich, dass das unentgeltliche Zimmer für immer leer bleiben würde.

Am nächsten Tag, als Bonnie von der Arbeit zurückkam, wartete eine Umzugsgesellschaft auf sie. Als Erstes packten sie die Nagellackflaschen ein, den roten Lippenstift und die Spitzenhöschen mit Glitzerbesatz, dann andere Luxusgegenstände wie eine kleine Waschmaschine, einen verstaubten Ventilator, Handtücher, Zudecken und so weiter. Dinge, die, wie Helena sagte, »anständige Leute eben besitzen und Bonnie auch«.

Der Möbelpacker fragte Bonnie: »Wohin?« Und dann fügte er hinzu: »Egal, wohin, es ist alles bezahlt.«

Bonnie verschwand.

September 1988.
Ich suchte in der Wochenendzeitung nach einer Mietwohnung. Dabei fiel mein Blick auf folgende Anzeige: »Ein Zimmer und eine warme Mahlzeit umsonst für eine Frau in Not. Telefon: 713 449. Fragen Sie nach Helena.«

Ich legte vier Tücher vor den Hörer und fragte mit Bassstimme: »Entschuldigung, sind Sie es, die ein Zimmer umsonst anbietet?«

»Ja«, sagte sie. »Das Zimmer ist umsonst. Aber es gibt viele Bewerber. Von heute Abend, dem Beginn des Schabbat, bis morgen Abend, wenn er zu Ende ist, schaue ich mir alle an. Geben Sie mir Einzelheiten und Empfehlungen, dann können wir einen passenden Zeitpunkt für ein Treffen vereinbaren.«

Ich gab ihr Einzelheiten, und sie antwortete wütend:

»Warum störst du mich? Ich bin beschäftigt.« Und warf den Hörer auf.

Und so setzte Helena jede Woche, manchmal jede zweite, ein Inserat in die Zeitung, in dem sie ein Zimmer und eine warme Mahlzeit umsonst anbot. Nie fand sich ein Untermieter oder eine Untermieterin für das freie Zimmer.

Mai 1991.
An einem heißen Tag, nicht lange nach Helenas Tod, ich goss gerade ihren verwilderten Garten, lehnte sich Soscha, die Nachbarin, mit ihrem ganzen Gewicht auf die Hecke.

»Du hast sicherlich keine Ahnung«, sagte sie, »wie viele Freunde Helena hatte.« Mit rhythmischen Bewegungen der Hände unterstrich sie die Menge. »Viele, sehr viele, alle möglichen Leute, auch ganz junge.« Ihrer Stimme war das Erstaunen anzuhören. »Ich werde bald verrückt, schon seit Jahren kommt niemand mehr zu mir, und am schwersten ist das am Wochenende. Ich bin jeden Freitag und Schabbat allein wie ein Hund. Und bei ihr war es immer wie bei einem großen Fest, besonders am Wochenende.« Sie schluckte ein paar Tropfen Spucke, um ihren trockenen Hals zu befeuchten, dann bat sie: »Sag mir, woher hatte diese alte Frau so viele Freunde?«

»Aus Zeitungsinseraten«, antwortete ich.

Sie senkte den Blick und sagte: »Entschuldige, dass ich dich belästigt habe.«

»Ob du mich belästigt hast oder nicht, das ist die richtige Antwort«, sagte ich. Aber sie war schon gegangen.

Ein paar Wochen später fragte ich einen Nachbarn, der,

auf einen Stock gestützt, die Straße entlangging, wie es Soscha gehe, und er sagte: »Soscha ist in einem Altersheim, sie ist sehr krank. Die Ärmste, sie hat es allein nicht ausgehalten, besonders schlimm war es für sie am Wochenende.« Während er sprach, kam er näher heran, beugte sich ein wenig vor und flüsterte mir ins Ohr: »Entschuldige die Frage, aber erklär mir, wieso Helena, sie ruhe in Frieden, jedes Wochenende ein volles Haus hatte?« Und dann fügte er hinzu: »Ich, musst du wissen, bin am Wochenende so allein wie ein Hund.«

Turnschuhe, Armeesocken und ein Gehstock

Zu ihrem einundsechzigsten Geburtstag bekam Helena ein ganz besonderes Geschenk: einen Brief mit der Zusage für einen Platz in einem Altersheim. Sie wurde aufgefordert, noch am selben Tag zu kommen und einen Vertrag zu unterschreiben, in dem sie sich, wie alle anderen Bewohner, verpflichten sollte, ihr Zimmer die meiste Zeit des Jahres zu bewohnen, sonst würde sie ihr Anrecht darauf verlieren und das Zimmer an den nächsten in der Warteliste weitergegeben. Möbel, Bilder, Kleidung und persönliche Gegenstände dürften mitgebracht werden; auf gar keinen Fall seien Hunde, Katzen oder andere Tiere erlaubt; außerdem müsse vor dem Einzug eine Vorauszahlung geleistet werden, alle entstehenden Kosten seien monatlich zu bezahlen. Helena verabredete ein Treffen mit der Leitung.

»Guten Tag«, sagte sie und kam sofort zur Sache. »Wo ist mein Zimmer? Wo ist die Hundehütte für meinen Hund? Wo kann man Katzen unterbringen? Und wo kann ich Körner für Vögel streuen und Futter für Hühner?«

Die Leiterin riss die Augen auf. »Haben Sie den Vertrag gelesen?«, fragte sie.

»Ja«, antwortete Helena.

»Liebe Frau Helena«, erklärte die Leiterin, »im Altersheim gibt es eine eindeutige Vorschrift: Man darf keine Tiere mitbringen.«

»Nach dem, was Sie sagen, Frau Direktorin«, bemerkte Helena, »gibt es im Altersheim eine schlechte Vorschrift: Nicht genug, dass ich alt bin, Sie wollen mich auch einsam machen, ich kann mein Zuhause nicht mitbringen, ich habe keinen Besitz, ich habe nur eine einzige Tochter, die woanders lebt, ich habe einen Hahn, einen Hund, Katzen und einen Schwarm Vögel, mit denen ich schon seit Jahren zusammenlebe.«

»Vielleicht könnten wir gleich heute einen Termin beim Psychiater des Altersheims für Sie festsetzen«, schlug die Leiterin vor, um das Problem zu lösen. Helena war einverstanden.

Am Abend desselben Tages fand das Treffen statt. Helena erzählte später, wie es abgelaufen war.

»Ich habe ein beigefarbenes Kostüm angezogen, denn ich habe gedacht, bei einem roten würden sie sagen: Hure, und bei einem schwarzen: depressiv, und bei einem grünen: wie ein Frosch. Deshalb habe ich eine Farbe gewählt, gegen die niemand was sagen kann. Und von der Friseurin habe ich mir eine Hochfrisur mit Spray machen lassen, so eine toupierte, damit sie nicht sagen könnten, ich sei verwahrlost und krumm, sie sollten denken, ich wäre reich und glücklich. Und ich habe mir allen Glitzerschmuck aus der Schmuckkassette um den Hals gehängt, damit der Doktor nicht in mein Gesicht schaut und die Falten sieht. Ich habe, wie soll ich es sagen, großartig ausgesehen. Dann habe ich noch zerrissene Turnschuhe und Armeesocken angezogen, ich habe mir einen Gehstock gekauft und bin hinkend zum Arzt gegangen, gegen den bösen Blick.«

In der Krankenstation wurde sie von einer Schwester empfangen, alt und böse wie eine Hexe aus einem Märchen, und von einem jungen, nicht sehr großen Arzt in Jeans, mit großen blauen Augen, und es roch nach Medikamenten. »Er war ein bisschen komisch«, erzählte sie. »Er hatte Hosenträger an, wie ein alter Mann von achtzig, dem die Hosen runterrutschen.«

Der Arzt gab ihr die Hand und sagte: »Setzen Sie sich, Frau Helena.« Aus einer braunen Mappe zog er einen Fragebogen und begann mit der Befragung »Wie alt sind Sie, Verehrteste? An welchen Krankheiten haben Sie gelitten? Wie viele Kinder haben Sie? Wie ist Ihre Beziehung zum Schwiegersohn und den Enkeln?« Und am Schluss fragte er noch: »Sie sind so schön und anständig angezogen, warum sind Sie dann in Turnschuhen und Armeesocken gekommen?«

»Damit ich leichter rennen und von hier weglaufen kann«, antwortete Helena.

»Ich denke«, sagte der Arzt, »dass Sie damit etwas zum Ausdruck bringen wollen. Versuchen Sie mir doch trotzdem zu erklären, warum Sie Turnschuhe angezogen haben und vor wem Sie weglaufen wollen.«

»Schade, dass Sie nicht gefragt haben, warum ich mit einem Gehstock hier bin, dafür habe ich eine klare Antwort, aber vorher möchte ich Sie auch etwas fragen.« Ihm blieb keine Zeit, zuzustimmen oder abzulehnen. Helena fragte:

»Doktor, warum tragen Sie die Hosenträger von jemand anderem?«

Er lächelte und antwortete: »Mode.«

»Nein«, sagte Helena, »Sie wollen damit nur etwas zum Ausdruck bringen, Sie sind der jüngste Mensch im Altersheim, und Sie haben ein Problem. Sie wollen, dass man Sie für einen alten Mann hält.«

Er lächelte, als würde er dieser Antwort zustimmen, und sagte in professionellem Ton: »Gut, und jetzt beantworten Sie mir die Frage, warum Sie sich dazu entschieden haben, in Turnschuhen und Armeesocken hierherzukommen.«

Helena sagte: »Ich möchte, dass Sie fragen, warum ich einen Gehstock habe! Sie können meinen Antworten auf die Fragen nach Krankheiten entnehmen, dass ich überhaupt nicht lahm bin.«

Aber er fragte es nicht, und sie antwortete nicht. In Helenas Akte stand, sie sei starrsinnig und es werde empfohlen, dass sie ohne Tiere ins Altersheim ziehe, als gesetzestreue Bürgerin. Der Umzug wurde zu einer langen Geschichte.

Helena wollte in beiden Welten leben, sie wollte mit ihren Tieren leben und nicht auf den Platz im Altersheim verzichten. So fand sie eine Umzugsfirma, die ihre Sachen Stück für Stück transportierte, nicht, Gott behüte, alles auf einmal. So würde sie, dachte sie, den Umzug auf endlose Zeit hinauszögern können. Außerdem fand sie einen speziellen Möbelpacker für den Kühlschrank, einen anderen für Tisch und Schrank und wieder einen für den Fernsehapparat und elektrische Geräte; danach fand sie einen Taxifahrer, der ihr zur Verfügung stand und mit Dutzenden von Fahrten von ihrem Haus zum Altersheim mal eine Bluse hinbrachte, mal ein Kleid oder ein Kostüm, und das, ohne je etwas zu zerknittern.

Täglich teilte Helena ihre Zeit zwischen ihrer Wohnung im Viertel und ihrem Zimmer im Altersheim. Wenn jemand sie fragte, was sie den ganzen Tag tue, antwortete sie, sie sei sehr beschäftigt, sie versuche, gleichzeitig an zwei Orten zu leben, und außerdem widme sie einen Großteil ihrer Zeit den Tieren und alten Leuten.

Sie sorgte auch dafür, dass sie ihren Status im Altersheim nicht verlor. Deshalb verließ sie dreimal in der Woche um fünf Uhr morgens ihre Wohnung im Viertel, um ihren Platz im Altersheim einzunehmen. Um sechs saß sie schon auf ihrem Platz mitten auf der Bank, auf der die Altersheimbewohner saßen, um auf den Arzt zu warten.

Dort, auf der Bank, sagte sie, würden sich wichtige Dinge ereignen. Man würde neue Leute kennenlernen, Klatsch und Tratsch hören, von wichtigen Plänen erfahren. Beim Arzt hingegen beschwerte sie sich dreimal wöchentlich, sie leide unter Schlafstörungen und stehe sehr früh auf, noch bevor die Nacht zu Ende sei, vor Sonnenaufgang. Manchmal, wenn es sie ankam, sagte sie: »Mal sehen, Herr Doktor, ob Sie herausfinden, warum, damit die Krankheit einen Namen hat.«

Eines Tages, als sie da saßen und warteten, sagte eine alte Frau zu Helena: »Weißt du, der Arzt hier ist ein Engel.«

»Natürlich ist er ein Engel«, antwortete Helena, ohne zu zögern. »Er selektiert die Leute fürs Paradies oder für die

Hölle. Siehst du nicht, wer hier auf der Bank auf ihn wartet?«

Helena war die Einzige, die diese Antwort amüsant fand.

Danach herrschte immer Schweigen, wenn sie auf der Bank saß.

Eines Nachts wurde die Direktorin wegen Helenas Zimmer alarmiert. Später sagte man entschuldigend zu mir: »Im Zimmer war Licht. Wir klopften, erhielten aber keine Antwort. Deshalb brachen wir die Tür auf und stellten fest, dass der Fernseher lief und das Radio spielte und das Licht in der Küche brannte, aber Helena war nicht da. Wir haben in ihrer alten Wohnung angerufen, und sie hat geantwortet: ›Machen Sie sich keine Sorgen, ich habe das Licht und den Fernseher angemacht, weil ich gleich komme, aber im Moment schaffe ich es nicht. Sie wissen doch sicher, dass ich viel zu tun habe: Ich arbeite für das Recht der Tiere, ins Altersheim zu kommen.‹«

Von diesem Zeitpunkt an kontrollierte die Direktorin nicht mehr, ob Helena in ihrem Zimmer war. Alle wussten, dass das Licht dort brannte, aber kein Mensch und kein Tier da war. Helena bezahlte regelmäßig die monatlichen Kosten im Altersheim und lebte, zu ihrer Zufriedenheit, in ihrer alten Wohnung im Viertel.

1990.

Als Helena gestorben war und ich ihre Sachen aus dem Altersheim holte, kam ein Mann mit blauen Augen, Jeans und Hosenträgern auf mich zu. »Sie sind der Psychiater«, stellte ich fest.

»Ja«, sagte er. »Es tut mir leid, dass Helena ihre Tiere nicht ins Altersheim bringen durfte.« Er sprach sofort weiter: »Wenn Sie erlauben, ich habe noch eine Frage, wissen Sie vielleicht, warum sie einen Gehstock benutzt hat?«

Ich zuckte mit den Schultern und sagte: »Sie hat nicht gehinkt, und ich erinnere mich nicht, dass sie einen Gehstock hatte.«

Nachdem ich ihre Sachen verpackt hatte, wollte ich ihren Zimmerschlüssel in einen Briefumschlag stecken und der Direktorin geben. Als ich nach einem Briefumschlag suchte, fand ich einen, in dem ein Blatt Papier steckte. Neugierig zog ich es heraus und las, was Helena an ihrem einundsechzigsten Geburtstag geschrieben hatte: »Lieber Herr Psychiater«, stand da in ihrer Handschrift, »weil alle alt und krank sind, fürchtete ich, sie würden neidisch sein, weil ich reich und gesund aussehe, deshalb zog ich zerrissene Turnschuhe an. Aber Sie sind Arzt, und ob ich reich oder arm bin, geht Sie nichts an. Damit Sie mir glauben, dass ich alt und krank bin, habe ich einen Gehstock gekauft und kam hinkend an, damit mir niemand den bösen Blick gibt. Ich finde, Sie sollten beim nächsten Mal besser zuhören. Als ich bei Ihnen war, habe ich Ihnen einen Hinweis gegeben, sogar den Rat, Sie sollten mir die richtige Frage stellen. Ich bin überhaupt nicht starrsinnig. Alles Gute, Schalom und danke. Helena.«

Und eine Nachschrift: »P. S. Streichen Sie das bitte durch, dass ich starrsinnig sein soll. Und wenn Sie etwas in die Diagnose schreiben müssen, dann schreiben Sie, dass ich aus ganzem Herzen an den bösen Blick glaube.«

Der Thoraschrein

Oktober 1990.
Am frühen Abend bekam ich einen Anruf, und eine mir unbekannte Stimme sagte: »Helena ist umgefallen, sie hat das Bewusstsein verloren, der Krankenwagen ist unterwegs, Sie sollten lieber kommen!«

Ich machte mich fertig, stieg ins Auto und machte mich auf zu ihrem letzten Weg.

Der Krankenwagen wartete vor ihrer Wohnung im Viertel, Sanitäter beugten sich über die bewusstlose Helena, dann brachte man sie mit heulenden Sirenen ins Krankenhaus. Es wurde sofort ein Gehirnschlag diagnostiziert.

Während der Arzt nach den Personalien und den Krankenunterlagen fragte, händigte mir ein Sanitäter einen Ehering aus, eine Uhr, ein Bündel Kleidungsstücke, zu dem eine Bluse, ein Rock, Unterwäsche, Strümpfe und ein zerknittertes weißes Taschentuch gehörten, das sie in ihrer Blusentasche gefunden hatten. Aus diesem Taschentuch war, als sie fiel, ein kleiner verrosteter Schlüssel gerutscht.

»Soll man das wegwerfen?«, fragte der Sanitäter und deutete auf den Schlüssel und das zerknitterte Taschentuch.

»Nein!«, schrie ich, und zu dem Arzt sagte ich: »Ich werde Ihnen alle Informationen morgen geben.«

Ich nahm den Schlüssel und fuhr zu dem kleinen Haus in der Straße des Sieges, Ecke Straße des Heldentums, zu dem braunen Schrank in Helenas Wohnzimmer.

Dieser Schrank hatte fünf kurze Beine, zwei an jeder Seite und eines in der Mitte. Er berührte weder den Boden noch die Decke. In dem Zwischenraum unter dem Schrank schliefen der Hund und das Huhn. Früher einmal war er der Geheimplatz für Kinder gewesen, die Verstecken spielten. Oben auf dem Schrank bewahrte Helena Seelenlichter, eine israelische Fahne, eine Menora, eine Chanukkia, Kerzenständer, den Becher des Propheten Elijahu, eine Pessachhaggada und Purimkostüme auf. Diese Dinge türmten sich bis zur Zimmerdecke.

Der Schrank besaß vier Türen. Auf der rechten Seite stand die Tür immer weit offen, in diesem Teil waren Taschen, Wasserrechnungen, Quittungen der Grundsteuer, Marken der Krankenkasse, Unterhosen, Strümpfe, Hüte und Schals. Die Fächer hinter den beiden Türen in der Mitte, die sich immer gemeinsam öffneten, nie einzeln, enthielten: Kleidungsstücke, Handtücher und Bettwäsche. Dieser Platz hatte unserer Hündin als Kreißsaal und Kinderzimmer gedient, tagsüber waren sie draußen, zum Schlafen zogen sie sich wieder hierhin zurück.

Die linke Tür war immer verschlossen. Nur das Knirschen des Schlüssels im Schloss war mir bekannt, aber nicht der Inhalt. Manchmal, wenn ich die Treppe heraufkam oder vor der Wohnungstür stand, hatte ich gehört, wie die linke Schranktür hastig zugeschlagen wurde. Ich fragte nie.

An Helenas Schlüsselbund hing manchmal der verrostete

Schlüssel und erinnerte daran, dass es noch ein anderes und besonderes Schloss gab. Wenn jemand Helena fragte: »Was ist denn das für ein Schlüssel?«, dann antwortete sie: »Das ist der Schlüssel für den Thoraschrein.« Und wenn jemand mit einem Zwinkern antwortete und man ihm ansah, dass ihn diese Antwort erstaunte, fügte sie hinzu: »Er ist für die linke Tür.« Eine weitere Erklärung gab sie nicht.

In jener kalten und dunklen Nacht passte der verrostete Schlüssel, der fast im Müll gelandet wäre, zwar ins Schloss, öffnete die Schranktür aber nicht, als hätte er sich verpflichtet, den Inhalt zu verbergen. Der Schlüssel gab mir den Mut, gegen die Tür zu treten, doch selbst dann weigerte sie sich noch aufzugehen, und erst nach einem weiteren Tritt gab sie nach.

Als Erstes nahm ich wahr, dass der Inhalt nach dem Schimmel der Vergangenheit roch, der sich in den Säcken gesammelt hatte und aus den Stoffen strömte, von den Dokumenten aufgesaugt worden und in einen einzigen großen Koffer verpackt worden war.

Eines nach dem anderen kamen die einzelnen Bestandteile zum Vorschein.

Im obersten Fach waren vor allem khakifarbene Stofftaschen in verschiedenen Größen, eine von ihnen war viereckig und etwa zehn Zentimeter lang. Die Tasche war mit großen, unregelmäßigen Stichen zusammengeheftet und enthielt Nähnadeln, Stoffreste, Nähgarn und schwarze Schnürsenkel.

Eine andere Tasche, ebenfalls aus Khakistoff, zwanzig Zentimeter lang und fünfzehn Zentimeter breit, enthielt eine Binde, ein Seifenstück und Lebensmittelmarken, auf die das SS-Zeichen und der Name »Buchenwald« gedruckt waren.

In einer weiteren, besonders kleinen Stofftasche fand ich eine Brosche, der ein Edelstein fehlte, nur der Goldrahmen war noch da und erinnerte daran, was früher einmal dagewesen war und jetzt fehlte. In dem Fach waren noch viele solche Taschen, und überall fehlten die Edelsteine.

Neben den zerrissenen, schimmeligen Khakitaschen fanden sich auch dicke braune Papiertüten, hart und zerknittert, die, wie bei einer archäologischen Ausgrabung, Zeugnis ablegten von einer anderen Zeit: vergilbte, zerrissene Blätter mit Resten von Adressen oder gezeichneten Landkarten und vor allem Zeitungsausschnitte mit den Suchmeldungen nach verlorenen Verwandten. Es gab Namen von vielen Orten der Diaspora – Russland, Amerika, England, Frankreich und die Länder Osteuropas, ein Wirrwarr aus Sprachen, Briefen, Postkarten, Briefmarken und Umschlägen.

Im mittleren Fach befanden sich wieder Taschen, aber andere – Plastiktüten, die von verschiedenen Geschäften stammten, unter anderem von Mikulinski, Hamaschbir, Kolbo Schalom und Mazkin. In die zweckentfremdeten Tüten waren die Ergebnisse von Blutuntersuchungen, Urin- und Stuhltests und EKGs von verschiedenen Labors gestopft worden, es befanden sich Arztbriefe zu Helenas gesundheitlicher Verfassung darin und eine Sammlung von Schmerzmitteln, zum Teil gegen körperliche Schmerzen, zum Teil gegen seelische.

Im Fach darunter, auf der Seite, lag ein dicker, verblasster

Ordner voller Zeugnisse und Dokumente, aus denen man unbekannte Details erfahren konnte, wie Helenas Geburtsort in einem polnischen Dorf, von dem noch niemand gehört hatte, eine Wohnadresse in Krakau, der großen Stadt, ein Zeugnis mit Auszeichnung von einer Schwesternschule in Wien, eine Ehrenurkunde für ihre Arbeit als Hebamme in einem Krankenhaus, Hebräischlehrbücher von einem Ulpan im Übergangslager Jehud bei Tel Aviv und Helenas erste Übungshefte, in denen in der Handschrift einer neu Eingewanderten geschrieben stand: »Ich bin Helena – ich kam in das Land meiner Väter, Schalom Vater, Schalom Mutter, Schalom niemand.«

In dem Ordner fanden sich auch eine Heiratsurkunde, Sterbeurkunden, die Geburtsurkunde ihrer Tochter, der erste Personalausweis, den Helena in Österreich bekam und in dem stand, dass sie staatenlos war, eine Einwanderungsurkunde und Beschwerdebriefe an Behörden und an Gerichte, die Themen der Gerechtigkeit und des öffentlichen Gesundheitswesens betrafen, medizinische Atteste, dass Helena an Diphtherie litt, an Herzgeräuschen, an Blinddarmentzündung und aufgrund der harten Arbeit unter unmenschlichen Witterungsbedingungen auch Erfrierungen erlitten hatte an den Füßen sowie dem kleinen Finger ihrer rechten Hand.

Im untersten und letzten Fach lagen nebeneinander ein Gebetschal, eine Kippa, ein Gebetbuch und die Bibel; daneben hatte Helena einen weißen Umschlag gelegt, in dem einige Dollarscheine steckten und einige Papiere mit den Nummern von Bankkonten und den Nummern von Gräbern von Familienmitgliedern. Ganz hinten im Fach lag ein alter Koffer mit abgeschlossen rostigem Schloss, und mit Spinnweben bedeckt. Das Schloss hielt meinen Versuchen, den Koffer zu öffnen, nicht stand, es brach. Der Koffer öffnete sich mit einem Gänsehaut verursachenden Knarren, als würde er den Neugierigen vor seinem Inhalt warnen. Das Knarren war berechtigt. Im Koffer waren Maden, Würmer und ein gestreifter Anzug mit mehr Löchern als Stoff, ein gelber Stern, Sandalen und ein Geruch nach Tod.

November 1990.
In den Tagen zwischen Verwirrung und emotionaler Klarheit auf dem Weg von dieser Welt in die andere bat Helena inständig: »Kommt mit mir zum Schrank, dort ist ein Grab.« Manchmal war sie offenbar ganz durcheinander und verlangte, mit ihr zum Grab zu kommen, dort sei ein Schrank.

»Ich muss dorthin gehen«, sagte sie jedem, der sie besuchte. »Geht mit mir dorthin«, wiederholte sie immer wieder und deutete mit dem Finger, mit der Faust oder mit dem Blick in eine bestimmte Richtung. Wie üblich glaubten alle, sie sei verwirrt und man dürfe ihren Worten keine Bedeutung zumessen.

Dann stand ich auf und legte einen Schwur ab.

Ich, Personalausweisnummer: 5195513, Name der Mutter: Helena, Name des Vaters, den ich nie kennenlernte: Kube, und mein Name: Elisabeth.

Ich erkläre hiermit, dass alle hier erzählten Ereignisse wahrhaftig wahr sind, dass ich bei allen zugegen war, an jedem Tag meines Lebens – fünfzehntausendsechshundert Tage, so alt, wie ich bin. Und ich war, willentlich oder unwillentlich, Zeugin des Schweigens, eines Schweigens, das zum Teil unverhüllt und zum Teil im Verborgenen laut zu hören war, das zum Teil im Innersten schrie und zum Teil die Straßen unseres Viertels verätzte, das zum Teil im Tageslicht verstummte, zum Teil in der Dunkelheit aufleuchtete, das sich zum Teil im Schweigen der lebenden Helena bezeugte, zum Teil im Schweigen ihres Todes.

Helena vermengte Fantasie und Realität, Unbestimmtheit und Klarheit; sie löschte Fakten und schuf Tatsachen und baute sich eine eigene Welt.

Ich schwöre.

Aus tiefen Quellen stiegen Bilder und Erinnerungen auf, nacheinander, ungebeten. Alle von gleichem Gewicht und von gleichem Wert bei der Aufdeckung dessen, was verborgen gewesen war, beim Enthüllen des Wortes, das im Schweigen erstickt war, um, soweit es möglich ist, das Leben aus dem Tod herauszuziehen.

Wenn ich es nicht geschafft haben sollte, die ganze Wahrheit zu erzählen, oder wenn meine Auswahl nicht repräsentativ genug ist, bitte ich um Entschuldigung, denn die ganze Wahrheit wird man nie beweisen und nie widerlegen können. Das, was man gesehen hat, kann nie durch verbindliche und verlässliche Beweise gestützt werden.

Aber vielleicht wird jemand einen Moment innehalten, ein Nachbar, ein Passant, ein Bekannter oder ein Fremder, und wird verstehen, was vom Schweigen erzählt wurde.

Und wir werden uns erinnern.

Epilog

November 1990, Freitag, Kiriat-Scha'ul-Friedhof, elf Uhr morgens.

Mein Mann Schaj und ich trugen Jeans und schwarze T-Shirts. Halb erfroren und erstarrt standen wir am Friedhofstor.

Die Blumen, die wir in den Händen hielten, waren mit einem Gummi zusammengebunden und in Zellophan verpackt, das im Wind raschelte. Am Himmel zeigten sich vereinzelte Federwolken, die Berührung der Sonnenstrahlen wechselte mit der des Windes, und es schien, als müsse an diesem späten Vormittag der Sommer endgültig dem Herbst weichen, als habe er keine Kraft mehr.

Die Sonne war von einem leichten Grau überzogen, und ein sanftes Nieseln befeuchtete die Erde und uns.

Der Duft des jungfräulichen Winters drang in die Erde und in unsere Nasen.

»Wir kommen zu Helenas Beerdigung«, sagten wir mit schwacher Stimme zum Kantor, und der Kantor betrachtete uns: »Mögen Sie nie wieder Kummer erleben«, und dann fragte er erstaunt: »Nur Sie beide?«

»Ja«, antworteten wir.

»Aber wir brauchen einen Minjan von zehn Männern«, sagte er verlegen.

»Auch im Leben«, sagte ich mit Nachdruck, »hätte sie einen Minjan gebraucht, aber sie hat ihn nie gehabt.«

Der Kantor senkte den Blick und fragte nicht weiter.

Mithilfe des Megafons, das er in der Hand hielt, rief er den Friedhofsgärtner, den Leichenwäscher, den Wächter und die Sargträger und verlangte von ihnen, sich sofort zu einem Minjan einzufinden.

Als sich die erforderlichen zehn Männer versammelt hatten, gab er ihnen mit den Augen ein Zeichen, sie sollten anfangen, die Klagelieder zu singen, und uns bedeutete er mit einer Handbewegung, uns der Beerdigungsprozession anzuschließen, die sich im Wagen der Chevra Kaddischa, der Beerdigungsgemeinschaft, auf ihren Weg machte.

So waren wir alle zusammen in einem Auto: die tote Helena, Schaj und ich, dazu die Männer mit schwarzen Hüten, aus deren hinter Bärten versteckten Kehlen Klagelieder drangen, während ihre Körper sich in gleichmäßigem Rhythmus vor und zurück bewegten. Sie unterschieden sich nur durch ihre Körpergröße, ihr Gewicht und ihre Haarfarbe. Drei stachen durch ihre Größe hervor, einer durch seinen Umfang, drei andere durch ihr fortgeschrittenes Alter, und die anderen sahen sich so ähnlich, dass man sie für Brüder hätte halten können.

Diese frommen Männer erfüllten ein religiöses Gebot und nahmen an der Beerdigungszeremonie teil.

Auch der Fahrer des Leichenwagens wollte teilnehmen.

»Damit es mehr sind als ein Minjan«, sagte er. »So tue ich auch eine gute Tat.«

Der Kantor stimmte mit einem Nicken zu, und der Fahrer, sehnsüchtig nach einer guten Tat, fuhr etwas schneller.

Hinter uns stieg eine Staubwolke auf, und um uns herum waren Reihen von Grabsteinen, ausgehobene Gräber, die auf die Toten warteten, und lange Prozessionen von Menschen, die hinter den Leichen Verstorbener hergingen, die sie gekannt hatten.

Als wir die Grube erreichten, die für Helena ausgehoben worden war, hielt das schwarze Auto.

Zuerst sprangen die Sänger der Klagelieder hinaus und hoben die metallene Tragbahre herab, auf der Helena in ihrem Leichentuch lag. Ihr Körper sah aus, als würde er sich in den Leichentüchern zusammen mit ihrer Seele verflüchtigen, und die Sänger der Klagelieder, als würden sie fürchten, sie könnte an der Schwelle des Grabes verschwinden, sangen lauter. Ihre Gebete erfüllten den Friedhof. Die Klagen, das Weinen und die Gebete aus ihren Kehlen übertönten den Lautsprecher, der den Beginn anderer Beerdigungsprozessionen ansagte, und das Weinen von anderen Menschen, die das Kaddisch an den Gräbern ihrer Toten sprachen.

Jedes Jahr an ihrem Todestag wunderte ich mich, eine rote Rose auf ihrem Grab zu finden. An jedem Gedächtnistag hatte jemand vor mir das Grab besucht.

Am vierten Jahrestag, während ich an Helenas Grab stand, kam eine Frau in den Fünfzigern. In der Hand hielt sie eine rote Rose, in Zellophan gewickelt, und diese Rose legte sie auf Helenas Grab. Als sie mich bemerkte, fragte sie: »Haben Sie diese Beerdigung auch gesehen?« Ich nickte, und sie schloss die Augen, als wolle sie sich an den Anblick erinnern. »Nur zehn Menschen waren da, und noch einer, der Fahrer des Leichenwagens«, sagte sie und fügte voller Schmerz hinzu: »Ich nehme an, die Verstorbene war eine Frau ohne Familie«, und unter ihren geschlossenen Lidern flossen Tränen hervor. »An jenem Tag habe ich meinen Bruder beerdigt, sein Andenken sei gesegnet. Und seither nehme ich aus dem Strauß, den ich auf sein Grab lege, eine Blume, die schönste, und lege sie auf ihr Grab, wie ich es damals tat, als sie beerdigt wurde, an dem Tag, als er gestorben war.« Sie seufzte. »Ich sehe, ich bin nicht allein.« Als unsere Augen, ihre und meine, wieder trocken waren, fragte sie: »Können Sie mir etwas über sie erzählen?«

»Nicht viel«, sagte ich, »nicht viel.«

Inhalt